MARIANNE J. VOELK

# Selbstgebackenes Brot

MARIANNE J. VOELK

# Selbstgebackenes
# Brot

Mosaik

Titelfoto und Rezeptfotos: Studio Karl Newedel
Mitarbeit: Bernhard Wild und Walter Lutz

Sammlung Deutsches Brotmuseum, Ulm 8
Heinpeter Schreiber 10
Vignetten: Mosaik/Brauner



Redaktionsleitung: Halina Heitz
Redaktion: Hanna Forster
Layout und DTP: Filmsatz Schröter GmbH, München
Umschlaggestaltung: Design Team München
Reproduktionen: Artilitho, Trento
Druck: Alcione, Trento
Bindung: Ecoprint, Lavis - Trento
Printed in Italy

ISBN-3-576-11301-0

# INHALT

**Hefebrote von einfach würzig bis exotisch raffiniert**

Abwechslungsreiche Mischbrote 18
Knusprige Brote mit Samen und Nüssen 28
Delikate Brote mit Gemüse und Obst 38
Fladenbrote aus aller Welt 46
Köstliche Festtagsbrote 54

**Herzhafte Sauerteigbrote** 66

**Leckeres Kleingebäck**

Brötchen, Brezeln, Semmeln, Kipferl 82
Knackige Stangen zu Bier und Wein 90
Knusprige Knäckebrote 94

# *Brotbacken, leicht wie Kuchenbacken*

Früher – und auf dem Lande ist das noch gar nicht so lange her – war je nach Größe der Familie ein- bis zweimal die Woche Brotbacktag. Da wurde beim Müller frisch gemahlenes Mehl geholt, der Teig angesetzt, geknetet, gewalkt und zu üppigen Laiben geformt. Und wer keinen großen Backofen zu Hause hatte, der machte sich mit den teiggefüllten Brotkörben auf zum Bäcker, der das Backen besorgte. Danach holte man das Brot noch warm und frisch duftend wieder ab, und nicht nur Kinder, die man mit dieser Aufgabe betraute, konnten der Versuchung kaum widerstehen, auf dem Nachhauseweg schon mal ein Stückchen von der knusprigen Rinde abzureißen.

Und heute? Heute kaufen wir vorgeschnittenes, pappiges, in Cellophan verpacktes Brot im nahegelegenen Supermarkt, weil uns nach Feierabend wieder einmal die Zeit nicht gereicht hat, einen jener wenigen Bäckerläden aufzusuchen, die noch wirklich gutes Brot backen. Wirklich gutes und vor allem auch vollwertiges Brot? Kaum jemand weiß heute noch, was da wirklich alles in den Teig gemengt wird, es sei denn, man bäckt sein Brot selbst.

Zu schwierig und viel zu zeitaufwendig, meinen Sie? Vergessen Sie's! Brotbacken ist so einfach wie Kuchenbacken. Natürlich braucht so ein Brotteig seine Zeit zum Ruhen und Gehen, aber es ist nicht Ihre Zeit, nicht wahr? Während sich Ihr Teig an einem warmen Plätzchen aufbläht wie ein Luftballon, können Sie sich in ihrem Lieblingssessel räkeln, lesen oder einen Fernsehkrimi verfolgen. Die Werbepause reicht locker, um den gegangenen Teig zu einem Laib zu formen und in den Backofen zu schieben.

Brot backen macht Spaß, und nach den ersten Erfolgserlebnissen werden auch Sie ein begeisterter »Eigenbrötler« sein, der den nächsten Brotbacktag kaum erwarten kann.

# *Vom Getreidebrei zum Brot*

Brot steht schon seit vielen tausend Jahren auf dem Speiseplan der Menschen. Bis zur »Erfindung« dieser nahrhaften Leibspeise war allerdings ein langer Weg.

## *Am Anfang war das Getreide*

Als der Mensch seinen Lebensunterhalt noch als Jäger und Sammler bestritt, kam den Samen von Wildgräsern ein hoher Stellenwert für die Ernährung zu. Vor etwa 10 000 Jahren gelang es dann, aus Gräsern Getreide zu kultivieren und allmählich in wachsender Qualität und Quantität zu produzieren.

Getreide, vor allem Weizen, war den alten Ägyptern das wichtigste und heiligste Nahrungsmittel. Bei Ausgrabungen in Oberägypten fand man in einem Grab Weizen, der aus der Zeit um 4000 v. Chr. datiert. Zunächst wurden die gemahlenen Körner in Form von Brei oder Grütze verzehrt. Als man entdeckte, daß der Getreidebrei, den man versehentlich in der Sonne hatte stehenlassen, fest und damit auch haltbar wurde, verarbeitete man Gerste und Weizen zu Fladenbroten.

## *Volkes Nahrung*

Die bahnbrechende Entdeckung des Gärbrots wird der Epoche des Neuen Reiches (1551–1306 v. Chr.) zugeschrieben. Als ein schlauer Kopf auch noch einen Backofen erfand, der mit trockener Heißluft arbeitete, war dies der erste Schritt zur Entstehung des Bäckerberufes. Das neue Gewerbe fand bald Nachahmer, von Ägypten über Kreta bis nach Rom.

Brot wurde zur Volksnahrung Nummer eins. Die Geschichte ist voll von Beispielen, in denen ein zur Neige gehender Getreidevorrat Auslöser revolutionärer Unruhen wurde, denn man bangte um sein täglich Brot. Panem et circenses – Brot und Spiele – boten die römischen Imperatoren deshalb dem Volk, um es bei Laune zu halten.

## *Wertvolles Brotgetreide*

**Gerste** stammt aus China und Tibet und wurde von den Sumerern schon um 5000 v. Chr. angebaut. Sie zeichnet sich durch besonders hohen Mineralstoffgehalt aus sowie durch hohen Anteil an den B-Vitaminen Folsäure und Thiamin.

**Hirse** ist wahrscheinlich ebenso alt wie Gerste und kommt gleichfalls aus China. Aufgrund ihrer Dürreresistenz ist sie noch heute das am weitesten verbreitete Getreide Afrikas. Hirse hat von allen Getreidesorten den weitaus höchsten Eisen- und Kohlehydratanteil sowie einen hohen Gehalt an Phosphor und den B-Vitaminen Thiamin und Niacin.

**Mais**, dessen Ursprung vermutlich in Mexiko liegt, ist seit Menschengedenken das Grundnahrungsmittel der Indios. Mais verfügt über besonders viel Vitamin $B_1$ und $B_2$ sowie Kohlehydrate und übertrifft alle Getreidesorten im Vitamin-A-Gehalt.

**Hafer** ist ein relativ »junges« Getreide, das erst für die Zeit um 1000 v. Chr. in China nachgewiesen wurde. Neben Weizen hat Hafer den größten Anteil an mehrfach ungesättigten Fettsäuren, außerdem weist er den höchsten Mineralstoffanteil aller Getreidearten auf.

**Roggen,** als dessen Herkunftsgebiet Vorderasien angenommen wird, gehört ebenfalls zu den jüngeren Getreidearten. Die ältesten Funde in Europa datieren aus der Zeit zwischen 1800 und 1000 v. Chr. Heute ist Roggen unser wichtigstes Brotgetreide, das einen herzhaften Geschmack und lange Haltbarkeit gewährleistet. Roggen enthält hohe Anteile an den B-Vitaminen Folsäure und Niacin sowie an Vitamin A.

**Weizen** entstand durch Artbastardierung vermutlich im Zweistromland und wurde schon um 4000 v. Chr. durch die Sumerer kultiviert. Heute werden etwa 10 000–12 000 Arten weltweit angebaut. Weizen übertrifft alle anderen Getreidesorten im Gehalt an mehrfach ungesättigten Fettsäuren, an Kalium, Magnesium und Phosphor, an Vitamin $B_1$, Niacin sowie an Vitamin E.

**Dinkel** ist ein Vertreter des Spelzweizens. Menschen mit einer Weizenallergie können auf Dinkel ausweichen. Der Nährstoffgehalt ähnelt dem des Weizens.

**Grünkern**, eine badisch-schwäbische Spezialität, ist milchreif geernteter Dinkel, der über Holzfeuer vorsichtig geröstet wird. Brote mit Grünkern schmecken besonders würzig.

**Buchweizen** wird wie Getreide verarbeitet, obwohl er gar keines ist; er gehört zu den Knöterichgewächsen. Wegen seines nussigen Geschmacks wird er vielen Broten beigemischt.

**Quinoa**, der Inkaweizen, und **Amaranth**, das Aztekengetreide, bildeten die Ernährungsgrundlage der beiden süd- bzw. mittelamerikanischen Völker. Beide »Getreide« waren lange Zeit in Vergessenheit geraten, und erst heute besinnt man sich wieder auf den ernährungsphysiologischen Wert dieser kleinen Körnchen mit einem hohen Gehalt an hochwertigen Aminosäuren. Diese Pflanzen gelten als Pseudogetreide und gehören den Gänsefuß- beziehungsweise den Fuchsschwanzgewächsen an.

# *Unser Brot heute*

Brot ist weltweit eines der wichtigsten Grundnahrungsmittel, wobei sich Deutschland als wahres Brotparadies ausnimmt: Unter annähernd 2000 Brotsorten kann der Bürger wählen.

Während unsere Vorfahren ihr Brot noch selbst herstellten und vom Getreideanbau bis zum Backen alle Schritte »unter Kontrolle« hatten, kaufen wir heute unser Brot vom Bäcker oder fabrikatorisch gefertigte Massenware. – Wir haben zwar die Wahl unter einem riesigen Angebot unterschiedlicher Brotsorten, aber die Kontrolle darüber, was diesem uns so teuren Lebensmittel alles beigemengt wird, ist uns schon längst entglitten. Und das gilt bedauerlicherweise auch für Brote, die vordergründig als ganz besonders gesund gelten.

## *Was ist drin im täglich' Brot?*

Zum Beispiel »Vollkornbrot«. Die Bezeichnung bedeutet, daß das verwendete Mehl alle Inhaltsstoffe des vollen Korns enthält, einschließlich der Keim- und Randschichten. Es ist erwiesen, daß die Vitalstoffe des vollen Korns, wie der hohe Gehalt an Vitaminen der B-Gruppe, an Mineralstoffen und Spurenelementen, an ungesättigten Fettsäuren und Enzymen, wesentlich zur Verhütung und Heilung ernährungsbedingter Zivilisationskrankheiten beitragen.

Doch leider ist nicht jedes Brot aus vollem Korn gebacken, das unter diesem Namen angeboten wird. Laut Gesetz muß der Mindestgehalt an Vollkornmehl für diese Brotsorte nur 30 Prozent betragen. Auch die Farbe sagt nichts über die Vollwertigkeit aus; sie kann

*Brote aus Großbäckereien enthalten oft chemische Zusätze, die unseren Organismus schädigen können.*

auch mittels Malz, Zuckercouleur oder Lebensmittelfarbe erzeugt werden.

Auch beim Treibmittel ist Vorsicht geboten. Mit sogenanntem »Kunstsauer« werden nicht nur fabrikatorisch erzeugte Brote hergestellt, selbst Kleinbäckereien setzen mittlerweile den zeitsparenden Kunstsauer ein, der den Teig bereits innerhalb von zwei Stunden backfähig macht. Diese Mixtur von Feinchemikalien kann zu Störungen im Organismus führen, unter anderem bei der Verwertung von Mineralstoffen und Spurenelementen sowie bei der Eiweißverdauung.

Kunstsauer und andere Backhilfsmittel werden in der BRD tonnenweise eingesetzt. Ein Hersteller hat sich beispielsweise ein Rezept patentieren lassen, das unter anderem Calciumsulfat (Gips), Calciumacetat, Calciumcarbonat, Tricalciumsulfat, Tricalciumphosphat, Diacetylweinsäureester, Natriumdiacetat sowie Schimmelpilzamylase enthält. Die eine Chemikalie bläst die Brötchen auf, die andere konserviert das Brot, die nächste verscheucht die Motten und sorgt für rieselfähigen Teig, eine weitere Chemikalie macht den Teig »maschinabel«. Wahre Wunder vollbringt die Chemie!

### *Ist Brot ein Dickmacher?*

Brot macht nicht dick, solange es sich um vollwertiges Brot handelt. Übergewichtige sind jedoch meist Liebhaber von Feinmehl- und Fabrikzuckerprodukten. Da solchen Produkten die zum Abbau erforderlichen alkalischen Mineralsalze fehlen, muß der Körper diese Wirkstoffe aus seinen Depots zu Verfügung stellen. Werden sie nicht durch vitalstoffreiche Nahrung laufend aufgefüllt, kommt es zu Mangelerscheinungen und Krankheiten.

Es mag paradox klingen, doch ein dicker Mensch ist unterernährt! Die Fehlsteuerung seiner Stoffwechselvorgänge und damit sein Übergewicht entstehen allein durch das Fehlen biologischer Wirkstoffe.

Solange Sie sich also an Brot halten, das alle Vitalstoffe des vollen Korns enthält, brauchen Sie sich bezüglich des Züngleins an Ihrer Waage keine Sorgen zu machen.

### *Keine Angst vor Phytinsäure*

Vollkorngegner warnen vor den Gefahren der Phytinsäure. Dieser Stoff, der als eine Art »hausgemachter« Abwehrstoff gegen Schädlinge in jedem Getreide enthalten ist, soll die Aufnahme von Mineralstoffen, insbesondere von Kalzium blockieren. Um den Abbau der Phytinsäure brauchen wir uns keine Sorgen zu machen, denn die Natur stellt uns alle zum Abbau der Nahrung notwendigen Enzyme zur Verfügung. Das Enzym Phytase wird vom Getreide gleich mitgeliefert und entfaltet seine aufspaltende Wirkung bereits während des Gärungsprozesses, das heißt beim Aufgehen des Teiges. Untersuchungen haben gezeigt, daß es bei Menschen, die ihre Ernährung auf reines Vollkornmehl umgestellt haben, in der Tat vorübergehend zu einer vermehrten Kalziumausscheidung kam. Dieser Prozeß kam jedoch sehr rasch zum Stillstand, denn der Organismus entfaltet innerhalb kürzester Zeit die in ihm schlummernde Fähigkeit, mit der Phytinsäure richtig umzugehen.

# *Nur die besten Zutaten sind gut genug*

Ab sofort backen wir unser Brot selbst, denn nur so wissen wir, was in den Teig kommt. Aber der ernährungsbewußte Feinschmecker erwartet noch mehr, nämlich wohlschmeckende und abwechslungreiche Vielfalt im Brotkorb. Nichts leichter als das; es bedarf nur einer Grundregel, die Sie beachten sollten: Das Beste ist gerade gut genug.

GETREIDE AUS BIOLOGISCHEM ANBAU ist weitgehend frei von Schadstoffen. Wenn Sie keine Getreidemühle besitzen, können Sie Ihre Mischung für das Brot im Reformhaus oder Naturkostladen mahlen lassen. Läßt sich der Kauf von fertig gemahlenem Mehl nicht umgehen, so verwenden Sie Mehlsorten mit der höchsten Typenzahl. Diese zeigt an, wieviel Milligramm an Vitalstoffen in 100 g Mehl vorhanden sind. Je niedriger die Typenzahl, desto wertloser das Mehl. Das Mehl der Type 405 enthält nur noch 405 mg Vitalstoffe pro 100 g Mehl.

FLÜSSIGKEIT bringt das Mehl zum Quellen. Hierzu wird in erster Linie Wasser verwendet, doch auch Milch, Buttermilch, Joghurt, Kefir und Quark können verarbeitet werden. Milchprodukte lockern den Teig und intensivieren das Aroma.

FETT macht manche Teige geschmeidiger und verzögert das Austrocknen des Brotes. Wir verwenden frische Butter und hochwertige, kaltgepreßte Pflanzenöle.

HONIG ist das älteste Süßmittel, das zum Backen verwendet wird. Fürs Brotbacken ist er vor allem zur Unterstützung der Treibkraft von Hefe und Sauerteig gedacht.

KERNE, NÜSSE UND SAMEN sind durch ihren Vitalstoffreichtum besonders dazu prädestiniert, unseren Stoffwechsel in Schwung zu bringen. Sie können nahezu jedes Brot mit diesen Schätzen der Natur anreichern.

KEIMLINGE sind Vitalstoffproduzenten par excellence und besonders reich an mehrfach ungesättigten Fettsäuren. Praktische Keimgeräte erhalten Sie im Reformhaus oder im Naturkostladen.

GEMÜSE ODER OBST kann Geschmack und Farbe eines Brotes reizvoll verändern. Da Gemüse sehr saftig ist, muß die Wassermenge etwas reduziert werden.

ARROWROOT (Pfeilwurz) wird zum Binden glutenfreier Mehle benötigt. Gluten ist ein Klebereiweiß, das in manchen Körnerarten fehlt, z.B. in Hirse, Mais, Amaranth,

Quinoa und Buchweizen. Das Stärkemehl wird aus den Wurzeln der Pflanze gewonnen und hat hervorragende Bindeeigenschaften.
VOLLMEERSALZ: Ohne Salz schmeckt jedes Brot fade. Verwenden Sie Vollmeersalz, denn es ist reich an Mineralstoffen und Spurenelementen.
KLASSISCHE BROTGEWÜRZE sind Anis, Fenchel, Kardamom, Koriander, Kümmel, Zimt und Brotklee. Ingwer, Curcuma, Muskatnuß und Gewürznelke sind zwar keine ausgesprochenen Brotgewürze, dennoch verleihen sie manchen Brotkreationen einen pikanten und interessanten Geschmack.

## *Treibmittel*

Als Teiglockerungsmittel finden in diesem Brotbackbuch Rapunzel Bioreal Backhefe, selbstgemachter Sauerteigansatz und Natur-Weinsteinbackpulver Verwendung.

### *Kräuterpulver selbstgemacht*

Kräuter sorgen für würzige Abwechslung. Wenn keine frischen Kräuter zur Hand sind, verhelfen auch getrocknete Kräuter, gerebelt oder in Pulverform, zu einem feinen Aroma. So stellen Sie Ihr eigenes Kräuterpulver her:

Je 2 EL Basilikum, Dill, Estragon, Kerbel, Liebstöckel, Ysop, Petersilie,
je 1 EL Majoran, Oregano, Rosmarin, Thymian sowie 1/2 EL Salbei.

Gerebelte Kräuter im Mixer der Küchenmaschine oder im Getreidemahlwerk mahlen. Das Pulver in einem Schraubglas aufbewahren.

RAPUNZEL BIOREAL BACKHEFE: Im Gegensatz zu konventioneller Hefe entsteht die Bioreal Backhefe auf natürlichem Wege. Die Basis bilden Getreiderohprodukte aus kontrolliert biologischem Anbau unter Mitwirkung von Amylasen (kohlehydratabbauenden Enzymen). Der Teig wird durch das beim Gärungsprozeß entstehende Kohlendioxyd aufgelockert, und es entwickeln sich Milchsäurebakterien, die für einen intensiven Brotgeschmack sorgen, der dem des Sauerteigbrotes sehr nahe kommt. Ein weiterer Pluspunkt: Die Biohefe kann ohne vorheriges Gehen einfach in den Teig gearbeitet werden. Außerdem sind diese Brote bedeutend länger haltbar.
SAUERTEIGANSATZ: Er kann für jede Getreidekombination verwendet werden, doch bei Teigen mit hohem Roggenanteil ist er unbedingt notwendig, denn bei mehr als 30 Prozent Roggenmehl im Teig versagt die Treibkraft jeder Hefe. Der herzhafte Geschmack von Sauerteigbroten wird durch Milchsäurebakterien, Essigsäure und Wildhefen bewirkt, die sich während der Gärungszeit des Sauerteiges entwickeln.
NATUR-WEINSTEINBACKPULVER: Es enthält im Gegensatz zu herkömmlichem Backpulver keine chemischen Zusätze. Die Treibkraft entwickelt sich durch die Weinsteinsäure, die Holzweinfässern entnommen wird. Dieses Backpulver kann außer zum Backen auch zur Rettung eines Brotes eingesetzt werden, wenn bei der Teigzubereitung mal eine Panne passiert (siehe S. 17).

# *Tips und Tricks rund ums Brotbacken*

Falls Sie jemals gehört haben, Brotbacken sei schwierig – vergessen Sie's. Die Ingredienzien für die meisten Rezepte in diesem Buch kann eine gute Küchenmaschine fassen und verarbeiten. Falls Sie ein kleineres Modell besitzen, halbieren Sie die Zutaten einfach. Während die Maschine die eine Hälfte vermengt, bearbeiten Sie die andere mit dem Knethaken des elektrischen Handgerätes. Zum Schluß werden die beiden Teigstücke nur noch aufeinandergelegt und kurz verknetet.

Aber selbst wenn Sie keine Küchenmaschine Ihr eigen nennen – was soll's! Gönnen Sie Ihren Händen und Armen einmal wöchentlich ein 5–10minütiges Fitneßtraining!

## *Hilfsgeräte fürs Backvergnügen*

Die Anschaffung einer Küchenmaschine ist dann von besonderem Vorteil, wenn sie mittels eines Aufsatzes gleichzeitig als *Getreidemühle* verwendet werden kann. Als künftiger »Eigenbrötler« werden Sie von vitalstoffarmen Auszugsmehlen und »abgelagerten« Vollkornmehlen fortan nichts mehr wissen wollen und nur noch das Beste für sich und Ihre Familie beanspruchen.

Sehr hilfreich ist auch eine *digitale Küchenwaage*. Die Waage sollte bis 2000 Gramm wiegen können, damit Sie einer bereits gefüllten Schüssel weitere Zutaten hinzuwiegen können.

Mit dem *Teigschaber* werden die Zutaten grob vermengt, bevor es ans Verkneten geht. Er schabt außerdem die letzten Reste aus der Teigschüssel und streicht den Teig in der Form glatt.

Um Ihren Teig »in Form« zu bringen, müssen nicht unbedingt *Römertopf, Keramik- oder Edelstahlformen* angeschafft werden. Ihre Kasten- oder Springformen und Backbleche für Kuchen sowie Auflaufformen aus feuerfestem Porzellan oder Glas tun auch gute Dienste. In der Form gelingt auch das Backen eines etwas feuchteren, das heißt weicheren Teigs.

Für die Anschaffung eines Römertopfs oder einer Keramikform mit Deckel spricht jedoch, daß sie Backformen und zugleich attraktive Gefäße zur Aufbewahrung von Brot und Brötchen darstellen.

Für frei geformte Brote gibt es *ovale und runde Gärkörbchen*, die Ihrem Teig beim Gehen die Form geben. Aus den Körbchen wird der gegangene Teig aufs Blech gestürzt.

Dafür, daß das Backblech sauber bleibt und kein Teig anklebt, sorgt eine *Backfolie*, die mehrmals verwendet werden kann.

Manche Brote werden vor dem Backen mit Fett, Eigelb oder Milch eingestrichen, was ihnen zu einer knackigen Kruste verhilft. Hierzu brauchen Sie einen flachen *Pinsel*.

Ein *Sprühgefäß*, ähnlich dem, mit dem Sie Ihre Zimmerpflanzen besprengen, ist dazu geeignet, frisch aus dem Ofen geholtes Brot zu besprühen, damit die Kruste kroß bleibt und Glanz erhält.

## *Herstellung von Sauerteigansatz – ein Kinderspiel*

Vor nichts haben Hobbybäcker so viel Respekt, wie vor der Herstellung von Sauerteigansatz. Dabei ist es so einfach, einen Sauerteigansatz herzustellen. Sie brauchen nichts weiter zu tun, als Mehl mit Wasser zu verrühren und ein paar Tage lang bei einer Zimmertemperatur von etwa 22 °C stehen zu lassen, bis der Brei sauer wird. Außerdem: Sie müssen nur einmal Sauerteigansatz herstellen, denn was am Backtag im Glas übrigbleibt, füllen Sie mit ein wenig vergorenem Vorteig wieder auf – und fertig ist der neue Sauerteigansatz fürs nächste Brot.

*So wird's gemacht:*

1. In einem hohen Schraubglas fünf Eßlöffel frisch gemahlenes Roggenvollkornmehl mit fünf Eßlöffeln warmem Wasser (etwa 40 °C) und einem Teelöffel Honig zu einem weichen Brei verrühren. Den Deckel locker auflegen, damit noch Luftaustausch stattfinden kann. Das Glas in die wärmste Ecke (etwa 22 °C) der Küche stellen und täglich einmal umrühren. Nach zwei bis drei Tagen sind deutlich Gärungsbläschen zu sehen und der Brei riecht angenehm säuerlich.
2. Dies ist der richtige Zeitpunkt, dem Brei nochmals fünf Eßlöffel Roggenvollkornmehl und fünf Eßlöffel warmes Wasser hinzuzufügen und unterzurühren. Den Schraubdeckel wieder locker auflegen und das Glas weitere 24 Stunden stehen lassen.
3. Nun ein letztes Mal die gleiche Menge an Roggenvollkornmehl und warmem Wasser unter den Brei rühren und nochmals 24 Stunden warm stellen.
4. Am nächsten Tag ist Ihr Sauerteigansatz fertig. Er kann im Kühlschrank nahezu endlos aufbewahrt werden, da er mit etwas vergorenem Vorteig stets von neuem aktiviert wird. Mit der Zeit tritt auf der Oberfläche eine Graufärbung durch arteigene Hefen ein, was weder schädlich ist noch die Backeigenschaften herabsetzt; die Hefen werden einfach untergerührt und mitverwendet.

### *Übrigens …*

Falls Sie Flüssigkeitszugaben abwiegen wollen: 1 ml Flüssigkeit entspricht 1 g

# *Wärmequellen zum Gehen des Brotteigs*

Ihr Teig bläht sich in kurzer Zeit auf wie ein Luftballon, wenn er genügend Wärme erhält. Während der Hefeteig sogar im Kühlschrank aufgehen kann – was selbstverständlich geraume Zeit dauern würde –, braucht der Sauerteig eine Temperatur zwischen 28 °C und 35 °C, jedoch keinesfalls mehr als 40 °C, damit die Milchsäure- und Hefebakterien nicht absterben.

Das Volumen des Hefeteigs sollte sich beim Gehen verdoppeln, das Volumen des Sauerteigs sollte etwa um die Hälfte zunehmen.

An warmen Sonnentagen ist das Wärmen des Teiges einfach, denn man kann ihn abgedeckt in die Sonne stellen, und bei hoher Außentemperatur genügt ein Plätzchen im Schatten. Im Winter fühlt sich der Teig in der Nähe von Heizkörpern wohl; die Schüssel nach der ersten Hälfte der Ruhezeit um 180° drehen, damit sie von allen Seiten gewärmt wird.

Doch es gibt Tage, an denen keine dieser Wärmequellen zur Verfügung steht. Dann muß der Backofen herhalten. Er wird auf 75 °C aufgeheizt, dann auf 50 °C zurückgeschaltet. Die Teigschüssel wird mit Plastikfolie und Küchentuch abgedeckt und auf der unteren Schiene eingeschoben, wobei die Ofentüre einen Spalt offen bleibt. Auch in diesem Fall die Schüssel nach der Halbzeit drehen.

Sie können auch eine gleichbleibend warme Temperatur von etwa 28 °C erzeugen, wenn Sie ein altes Nachttischlämpchen (ohne Lampenschirm) mit einer 25 Watt Birne bei geschlossener Türe in den Backofen stellen. Eine spezielle Wärmelampe kann man im Reformhaus erhalten.

Die in den Rezepten genannten Gehzeiten können nur Anhaltspunkte darstellen, denn sie hängen von der Umgebungswärme ab. Ist Ihr Teig nach der angegebenen Zeit noch nicht genügend aufgegangen – keine Panik. Gönnen Sie ihm noch ein wenig Ruhe und backen Sie ihn erst, wenn er das nötige Volumen erreicht hat.

| **Brotpanne** | **Was ist der Grund?** | **Was kann man tun?** |
|---|---|---|
| Der Hefeteig geht nicht auf | • Die Hefe ist nicht mehr frisch<br>• Der Ort zum Gehen ist zu kühl<br>• Die Zutaten waren zu kühl<br>• Die Hefebakterien wurden beim Anrühren mit zu heißer Flüssigkeit abgetötet | • Siehe Kapitel »Wärmequellen«<br>• Beim nächsten Mal die Flüssigkeit in einem Töpfchen leicht anwärmen, Eier in heißes Wasser legen<br>• Teig flach ausrollen, gleichmäßig mit 1–2 TL Weinsteinbackpulver bestreuen, gut durchkneten und sofort backen |
| Der Sauerteig geht nicht auf | • Der Ort zum Gehen ist zu kühl oder zu heiß (über 40 °C)<br>• Die Wasserzugabe war zu heiß<br>• Es wurde zu wenig Sauerteigansatz verwendet | • Siehe Kapitel »Wärmequellen«<br>• Einen Würfel Hefe in etwas warmem Wasser auflösen und in den Teig einarbeiten<br>• Beim nächsten Mal einen Eßlöffel mehr Sauerteigansatz hinzufügen |
| Das Brot reißt auseinander | • Der Teig ist ausgetrocknet | • Teig vor dem Gehen befeuchten und abdecken<br>• Beim Backen ein Gefäß mit Wasser in den Ofen stellen |
| Das Brot fällt in der Mitte etwas ein | • Die Hefe war nicht mehr frisch<br>• Der Teig ist zu lange gegangen | • Auf das Verfalldatum achten<br>• Sobald der Teig das vorgesehene Volumen erreicht hat, backen |
| Das Brot läuft beim Backen auseinander | • Der Teig war zu weich<br>• Die Zutaten wurden nicht gründlich genug verknetet | • Das nächste Mal weniger Flüssigkeit oder mehr Mehl zugeben oder den Teig in einer Form backen<br>• Das nächste Mal den Teig gut durcharbeiten |
| Das Brot wird zu dunkel | • Zu hohe Oberhitze | • Mit Alufolie abdecken<br>• Beim nächsten Mal eine geringere Temperatur einstellen, dafür länger backen |
| Das Brot ist auf der Unterseite noch zu blaß | • Zu geringe Unterhitze | • Das Brot wenden und auf dem Rost noch 5–10 Minuten backen |
| Das Brot ist nicht durchgebacken | • Zu kurze Backzeit | • Beim nächsten Mal den »Klopftest« machen Das Brot sollte hohl klingen, wenn man mit den Knöcheln »anklopft«. Andernfalls die Backzeit verlängern<br>• Brot vor dem Verzehr im Toaster rösten |

# *Würziges Landbrot mit Sonnenblumenkernkruste*

Für 1 Laib

**300 g Roggenvollkornmehl**
**700 g Weizenvollkornmehl**
**2 TL Kümmel, ganz oder gemahlen**
**3-4 TL Vollmeersalz**
**2 TL Koriander, gemahlen**
**100 g Sonnenblumenkerne**
**50 g zimmerwarme Butter**
**600 ml lauwarmes Wasser**
**1 Würfel Biohefe**
**2 TL Honig**
**3 EL Milch zum Bestreichen**
**etwa 100 g Sonnenblumenkerne zum Bestreuen**
**Mehl für die Arbeitsfläche**

1. Mehl, Gewürze und Sonnenblumenkerne mischen. Die Butter und die in Wasser verrührte Hefe mit Honig hinzufügen und alles etwa 10 Minuten lang zu einem geschmeidigen Teig verkneten.

*Das Landbrot mit Sonnenblumenkernen schmeckt mit süßem und pikantem Brotbelag.*

2. Die Schüssel mit Plastikfolie und Tuch abdecken und den Teig an einem warmen Ort (Wärmequellen: S. 16) etwa 20 Minuten gehen lassen, bis sich das Teigvolumen ungefähr verdoppelt hat.

3. Den Teig nochmals kurz durchkneten, mit feuchten Händen eine Kugel formen und auf das mit Backfolie belegte Blech legen. Mit Milch bestreichen und dicht mit Sonnenblumenkernen bestreuen; die Kerne fest andrücken. Zugedeckt an einem warmen Platz wieder aufgehen lassen. Wenn das Brot in den kalten Backofen kommt, muß es nach der zweiten Ruhezeit nicht voll aufgegangen sein; es geht während der Aufheizphase noch weiter auf.

4. Auf den Backofenboden eine hitzebeständige Schale mit Wasser stellen, das Brot in den kalten Backofen auf die zweite Schiene von unten schieben und bei 220 °C etwa 60 Minuten lang backen.

5. Das Brot kurz mit kaltem Wasser besprühen und auf einem Rost auskühlen lassen.

**Mein Tip:** Machen Sie den Klopftest, wenn Sie im Zweifel sind, ob Ihr Brot bereits durchgebacken ist: Klingt es hohl, wenn Sie mit den Knöcheln »anklopfen«, ist es fertig. Klingt es dumpf, stürzen Sie das Brot auf ein kaltes Blech, damit die Oberseite nicht zu dunkel wird und die Unterseite noch mehr Farbe bekommt. So können Sie problemlos noch 10 Minuten nachbacken.

# Herzhafte Mehrkornbrote

### *Dreikorn rustika*

Für 1 Laib

**500 g Weizen, mittelfein geschrotet**
**250 g Roggen, mittelfein geschrotet**
**200 g Gerste, gemahlen**
**2 TL Fenchel, gemahlen**
**2 TL Koriander, gemahlen**
**3 TL Vollmeersalz**
**600 g lauwarmer Kefir (Fettgehalt 1,5 %)**
**50 g zimmerwarme Butter**
**50 g Biohefe, 1 TL Honig**
**Mehl für die Arbeitsfläche**

1. Die Mehle mit den Gewürzen mischen. Kefir mit Butter, Hefe und Honig verrühren und der Mehlmischung hinzufügen. Alle Zutaten 10 Minuten lang zu einem geschmeidigen Teig verkneten.

2. Die Schüssel mit Folie und Tuch abgedeckt warm stellen und den Teig 30 Minuten lang gehen lassen.

3. Den Teig ein zweites Mal kurz durchkneten, zu einer Kugel formen und auf das mit Backfolie belegte Blech legen. Unbedeckt etwa zur doppelten Höhe aufgehen lassen.

4. Den Backofen auf 250 °C vorheizen, eine Schale mit heißem Wasser auf den Boden stellen und das Brot auf der zweituntersten Schiene einschieben. Nach 20 Minuten Backzeit auf 190 °C stellen und in 50–60 Minuten fertigbacken. Mit kaltem Wasser abspritzen und zum Abkühlen auf einen Rost legen.

**Mein Tip:** Wenn Sie den Teig während der zweiten Ruhezeit nicht abdecken, gibt es beim Gehen auf der Oberfläche kleine Risse. Beim Backen reißt die Oberfläche dann kreuz und quer auf, und Ihr Brot bekommt ein rustikales Aussehen.

### *Sechskorn-Krustenbrot*

Für 1 Kipf

**150 g Weizen, fein gemahlen**
**150 g Dinkel, fein gemahlen**
**100 g Nackthafer, fein gemahlen**
**je 100 g Roggen, Gerste und Grünkern, mittelfein geschrotet**
**je 1 TL Anis, Kardamom, Kümmel, 1/2 TL Bockshornklee, 3 TL Vollmeersalz**
**600 g lauwarme Buttermilch**
**35 g zimmerwarme Butter**
**1 Würfel Biohefe, 1 TL Honig**

1. Verarbeitung der Zutaten und Ruhezeiten wie beim Dreikornbrot, jedoch zugedeckt gehen lassen.

2. Vor dem Backen in die Oberfläche des Kipfs ein Karomuster ritzen.

*Zwei Brotsorten, für alle die Herzhaftes lieben: Dreikorn rustika (links) und Sechskorn-Krustenbrot (rechts).*

# *Exotischer Brotgenuß*

Für je 1 Laib

### *Hirsebrot Nyanza*

**200 g Hirseflocken**
**400 g Weizenvollkornmehl**
**Gewürzpulver: 1 Döschen Safran, 1/4 TL Muskatnuß, 1 Msp. Gewürznelke**
**2–3 TL Vollmeersalz**
**1 TL Weinsteinbackpulver**
**1 Würfel Biohefe**
**300 g Naturjoghurt**
**100 ml lauwarmes Wasser**
**20 g Arrowroot, angerührt mit 2 EL Wasser**
**30 g Hirse zum Bestreuen**
**Mehl für die Arbeitsfläche**

1. Hirseflocken und Weizenmehl mit Gewürzen und Backpulver mischen. Die Hefe mit Joghurt und Wasser verquirlen, Arrowroot hinzufügen und mit dem Mehlgemisch vermengen.

2. Die Zutaten 10 Minuten lang zu einem geschmeidigen Teig verkneten. Mit Folie und Tuch gut abdekken und an einem warmen Ort gehen lassen, bis sich das Volumen etwa verdoppelt hat.

3. Den nochmals kurz durchgearbeiteten Teig mit feuchten Händen zu einer Kugel formen und die Oberfläche dicht mit Hirse bestreuen. Auf dem Blech abgedeckt etwa 20 Minuten warm stellen. (Der Teig geht im Ofen während der Aufheizphase weiter auf.)

4. Eine Schale mit heißem Wasser in den kalten Backofen stellen und das Brot auf der zweiten Schiene von unten einschieben. 50–60 Minuten bei 220 °C goldbraun backen; die letzten 20 Minuten eventuell mit Alufolie abdecken. Auf einem Rost auskühlen lassen.

### *Maisbrot Tamahumara*

**200 g feiner Maisgrieß**
**400 g Weizenvollkornmehl**
**2–3 TL Vollmeersalz**
**1/4 TL Pfeffer aus der Mühle**
**1–2 TL Curcuma**
**1 TL Weinsteinbackpulver**
**1 Msp. Cayennepfeffer**
**80 g lauwarme Sahne**
**250 ml lauwarmes Wasser**
**1 TL Honig**
**30 g Butter**
**1 Würfel Biohefe**
**20 g Arrowroot, angerührt mit 2 EL Wasser**
**1 verquirltes Ei**
**Mehl für die Arbeitsfläche**

Verarbeitung der Zutaten wie beim Hirsebrot, jedoch den Laib mit verquirltem Ei bestreichen.

*Maisbrot Tamahumara mit den gesunden Inhaltsstoffen des sonnenverwöhnten Getreidekolben. – Das gibt Kraft.*

# *Würzig und herzhaft aus Buchweizen und Hafer*

***Bulgarisches Buchweizenbrot mit Roggenkeimlingen***

Für 1 Gärkorb (25 cm Ø)

**200 g Buchweizen, gemahlen**
**500 g Weizenvollkornmehl**
**2 TL Schwarzkümmel, ganz oder gemahlen**
**2 TL Koriander, gemahlen**
**2–3 TL Vollmeersalz**
**1 Würfel Biohefe**
**500 g lauwarmer Kefir**
**2 EL Sonnenblumenöl**
**250 g frische Roggenkeimlinge**
**Mehl für die Arbeitsfläche und zum Bestäuben des Körbchens**

1. Die Mehle mit den Gewürzen mischen. Die Hefe mit dem Kefir verrühren und zusammen mit dem Öl zu dem Mehlgemisch geben. Die Zutaten zu einem glatten Teig verarbeiten und gut abgedeckt an einem warmen Ort bis zur doppelten Höhe aufgehen lassen.

2. Die Keimlinge in den Teig kneten. Mit bemehlten Händen eine Kugel formen und in das gut mit Mehl bestäubte Gärkörbchen legen. Zugedeckt an einem warmen Ort nochmals gehen lassen.

3. Den Backofen auf 220 °C vorheizen und eine Schale mit kochendem Wasser hineinstellen. Den gegorenen Teig aus dem Körbchen auf das mit folienbelegte Blech stürzen und auf mittlerer Schiene etwa 50 Minuten backen.

4. Das Brot mit kaltem Wasser besprühen und auf dem Gitterrost auskühlen lassen.

*Norwegisches Haferbrot – ein herzhaft bekömmlicher Brotgenuß.*

***Norwegisches Haferbrot***

Für 1 ovalen Gärkorb (30 cm lang)

**250 g Nackthafer, geröstet**
**50 g Vollkornhaferflocken**
**500 g Weizenvollkornmehl**
**je 2 TL Fenchel und Anis**
**2 TL Vollmeersalz**
**500 g Buttermilch**
**1 TL Honig, 1 Würfel Hefe**
**30 g zimmerwarme Butter**
**1 Handvoll Haferflocken**

1. Den Hafer bei 100 °C auf mittlerer Schiene 50 Minuten rösten. Nach dem Abkühlen mahlen und mit Haferflocken, Mehl und Gewürzen mischen. Buttermilch, Honig, Butter und Hefe verrühren und beigeben.

2. Zubereitung wie beim Roggenkeimbrot, jedoch vor der zweiten Ruhezeit eine Kugel formen und vor dem Backen die Oberfläche dicht mit Haferflocken bestreuen.

# Brotspezialitäten aus England und Frankreich

### *Sahne-Goldtoast*

Für 2 Kastenformen (25 cm lang)

**160 g lauwarme Sahne**
**340 ml lauwarmes Wasser**
**1 EL Honig, 60 g Biohefe**
**1 kg Weizenvollkornmehl**
**2 TL Vollmeersalz**
**1 Eigelb**
**75 g zimmerwarme Butter**
**Mehl für die Arbeitsfläche**
**Butter für die Formen**

1. Sahne-Wasser-Gemisch mit Honig und Hefe verrühren. Mit den weiteren Zutaten zu einem geschmeidigen Teig verkneten. Mit Plastikfolie und Tuch abdecken und 20 Minuten an einen warmen Ort stellen, bis sich der Teig etwa verdoppelt hat.

2. Den Teig nochmals durcharbeiten, in 2 gleich große Stücke teilen und in die gefetteten Formen geben. Abgedeckt nochmals bis etwa zur doppelten Höhe gehen lassen.

3. Auf den Backofenboden eine Schale mit heißem Wasser stellen und die Kastenformen mit Alufolie abgedeckt auf die zweite Schiene von unten in den kalten Backofen schieben. Den Backofen auf 220 °C stellen. Nach 30 Minuten die Folie entfernen und das Brot in 30–40 Minuten fertigbacken.

4. Die Brote auf einem Rost auskühlen lassen.

### *Baguette*

Für 3 Stangen

**1 Würfel Biohefe**
**500 g lauwarme Buttermilch**
**1 TL Honig**
**650 g Weizenvollkornmehl**
**2 TL Vollmeersalz**
**1 Ei, verquirlt zum Bestreichen**
**Mehl für die Arbeitsfläche**

1. Hefe mit Buttermilch und Honig verrühren, mit Mehl und Salz vermengen und in 5 Minuten zu einem geschmeidigen Teig verkneten. Abgedeckt warm stellen und 20 Minuten gehen lassen.

2. Den Teig nochmals kurz durcharbeiten, in 3 Teile schneiden und jedes Teil mit bemehlten Händen zu einer backblechlangen Stange rollen. Zugedeckt 15 Minuten gehen lassen.

3. Die Stangen wenden und mit Hilfe einer Palette auf das folienbelegte Blech legen. Mit Ei bestreichen, mit dem Messer mehrere Male quer einritzen. Das Blech auf die mittlere Schiene des kalten Backofens schieben. Die Brote 25–30 Minuten bei 220 °C goldgelb backen.

*Ofenfrisches Baguette mit etwas Käse zum Wein. – Wer könnte da schon widerstehen.*

# *Nussig-würziges Brotvergnügen*

### *Amerikanisches Erdnuß-Pfeffer-Brot*

Für 1 Form (26 cm Ø)

**800 g Weizenvollkornmehl**
**1/4 TL Pfeffer aus der Mühle**
**2-3 TL Vollmeersalz**
**450 g lauwarme Buttermilch**
**150 g lauwarmes Wasser**
**1 TL Honig**
**1 Würfel Biohefe**
**30 g grüne Pfefferkörner, eingelegt**
**2 TL des Einlegewassers**
**200 g Erdnüsse, geröstet und gesalzen, grob gehackt**
**Butter für die Form und zum Bestreichen**
**einige frische Erdnüsse zum Verzieren**

1. Das Mehl mit den Gewürzen mischen. Buttermilch mit Honig und Hefe verrühren und zusammen mit den weiteren Zutaten in etwa 10 Minuten zu einem glatten Teig verarbeiten. Abgedeckt an einem warmen Ort etwa 20 Minuten gehen lassen.

2. Den Teig durchkneten. Eine Kugel formen, in die gefettete Form geben und glattstreichen. Zugedeckt zu doppelter Höhe aufgehen lassen.

3. In den auf 220 °C vorgeheizten Backofen eine Schale mit heißem Wasser stellen. Das Brot auf der zweiten Schiene von unten einschieben und 50–60 Minuten backen; zwischendurch mehrmals mit geschmolzener Butter bestreichen. Den Ofen ausschalten, das Brot auf ein kaltes Blech stürzen und nochmals zehn Minuten in den Ofen stellen.

4. Das Brot kurz mit kaltem Wasser besprühen und den Laib auf dem Gitterrost auskühlen lassen.

*Mandel-Kräuter-Brot mit würzigen provençalischen Kräutern – ein Hochgenuß.*

### *Mandel-Kräuter-Brot aus der Provence*

Für 1 Kastenform (25 cm lang)

**500 g Weizenvollkornmehl**
**80 g gemahlene Mandeln**
**4 TL Kräuter der Provence**
**Schale 1/2 unbehandelten Orange, gerieben**
**2-3 TL Vollmeersalz**
**100 g ungeschälte Mandeln, gehackt, 1 Würfel Biohefe**
**1 TL Honig**
**280 g lauwarme Milch**
**Butter für die Form und zum Bestreichen**
**12 Mandeln zum Verzieren**

1. Zubereitung und Ruhezeit wie Erdnuß-Pfeffer-Brot. Vor der zweiten Ruhezeit den Teig in die gefettete Kastenform geben, mit Butter bestreichen und mit ungeschälten Mandeln verzieren.

2. Backen wie Erdnuß-Pfeffer-Brot, den Ofen jedoch nach 50 Minuten ausschalten.

# *Gesundheit, die gut schmeckt!*

### *Leinsamenbrot*

**Für 1 Kastenform (30 cm lang)**

**150 g Leinsaat, geschrotet**
**500 g Weizenvollkornmehl**
**200 g Roggenvollkornmehl**
**1 TL Anis, gemahlen**
**2–3 TL Vollmeersalz**
**200 ml lauwarmes Wasser**
**50 g lauwarme Sahne**
**1 TL Honig**
**1 Würfel Biohefe**
**1 Handvoll Leinsaat (ganze Samen) zum Bestreuen**
**Butter für die Form**
**Mehl für die Arbeitsfläche**

1. Leinsaat, Mehle und Gewürze mischen. Wasser und Sahne mit Honig und Hefe verrühren und mit dem Mehlgemisch vermengen.

2. Die Zutaten 10 Minuten zu einem geschmeidigen Teig verkneten und die Schüssel mit Folie und Tuch abgedeckt etwa 15 Minuten an einen warmen Ort stellen.

3. Den Teig nochmals 1 Minute durchkneten und in die eingefettete, mit Leinsaat ausgestreute Form geben. Die Oberfläche glattstreichen, anfeuchten und mit Leinsaat bestreuen. Die Form abgedeckt wieder etwa 10 Minuten warm stellen; der Teig geht im Ofen während der Aufheizphase noch weiter auf. Die Oberfläche einige Male mit einem scharfen Messer schräg einkerben.

4. Das Brot in den kalten Backofen auf die zweite Schiene von unten schieben und eine Schale mit Wasser auf den Boden stellen. Bei 220 °C etwa 60 Minuten hellbraun backen. Den Ofen ausschalten, das Brot auf ein kaltes Blech stürzen und 10 Minuten Nachhitze auf die Unterseite einwirken lassen.

5. Das Brot kurz mit kaltem Wasser besprühen und auf einem Rost auskühlen lassen.

### *Sesambrot mit Pinienkernen*

Für 1 Laib

**150 g Sesam, geschälte, ganze Samen**
**100 g Pinienkerne**
**700 g Weizenvollkornmehl**
**2–3 TL Vollmeersalz**
**450 ml lauwarmes Wasser**
**1 TL Honig**
**1 Würfel Biohefe**
**1 Handvoll geschälte Sesamsamen zum Bestreuen**

1. Zubereitung wie beim Leinsamenbrot, jedoch vor der zweiten Ruhezeit eine Kugel formen, auf das Blech setzen und dicht mit Sesam bestreuen. Die Oberseite strahlenförmig einkerben.

2. Backen wie Leinsamenbrot, jedoch den Ofen nach 50 Minuten ausschalten.

*Leckeres Leinsamenbrot. – Eine Brotspezialität für Genießer.*

# *Raffinierte Gaumenfreuden*

Für je 1 Laib

### *Steiermärkisches Kürbiskernbrot*

**300 g Roggenvollkornmehl**
**600 g Weizenvollkornmehl**
**2 TL Koriander, gemahlen**
**2 TL Fenchel, gemahlen**
**2 - 3 TL Vollmeersalz**
**1/2 l lauwarmes Wasser**
**2 EL Honig, 50 g Biohefe**
**4 EL Kürbiskernöl**
**150 g Kürbiskerne**
**100 g ungeschwefelte Trockenaprikosen, kleine Würfel**
**3 EL Milch zum Bestreichen**
**1 Handvoll Kürbiskerne**
**Mehl für die Arbeitsfläche**

1. Mehle mit den Gewürzen mischen, Honig und Hefe mit Wasser verrühren und mit dem Öl in das Mehlgemisch geben. Alle Zutaten 10 Minuten verkneten und anschließend mit Folie und Tuch abgedeckt an einem warmen Ort etwa 20 Minuten gehen lassen.

2. 150 g Kürbiskerne und Aprikosenwürfel in den Teig kneten. Mit bemehlten Händen eine Kugel formen, mit Milch bestreichen und dicht mit Kürbiskernen bestreuen. Die Teigkugel auf das mit Backfolie belegte Blech setzen und abgedeckt ruhenlassen, bis das Teigvolumen deutlich zugenommen hat. (Der Teig geht im Ofen während der Aufheizphase noch weiter auf.)

3. Das Brot in den kalten Backofen auf die zweite Schiene von unten einschieben und eine Schale mit heißem Wasser auf den Backofenboden stellen. Bei 220 °C etwa 60 Minuten backen.

4. Das noch heiße Brot mit kaltem Wasser besprühen und auf einem Rost auskühlen lassen.

### *Persisches Pistazienbrot*

**700 g Weizenvollkornmehl**
**200 g Nackthafer, gemahlen**
**Gewürzpulver: je 1/2 TL Muskatnuß und Cumin, je 1 TL Koriander und Kardamom**
**3 TL Vollmeersalz**
**500 g lauwarme Milch**
**1 TL Honig**
**60 g Biohefe**
**50 g geschmolzene Butter**
**150 g Pistazienkerne**
**2 EL Milch zum Bestreichen**
**Mehl für die Arbeitsfläche**
**1 Handvoll Pistazienkerne zum Bestreuen**

Verarbeitung der Zutaten und backen wie bei Kürbiskernbrot.

*Dieses herzhaft-aromatische Kürbiskernbrot gibt's nirgendwo zu kaufen. Aber das müssen Sie auch nicht, denn Brot selbst backen ist so leicht wie Kuchenbacken.*

# Köstliches mit Sonnenblumenkernen und Mohn

### *Ungarisches Sonnenblumenkernbrot*

Für 1 Kastenform
(30 cm lang)

**200 g Nacktgerste, gemahlen**
**600 g Dinkelvollkornmehl**
**150 g Sonnenblumenkerne**
**3 TL Vollmeersalz**
**$^1/_2$ TL Bockshornkleepulver**
**1 EL Honig**
**50 g Biohefe**
**500 g lauwarmer Joghurt (Fettgehalt 3,7 %)**
**4 EL Sonnenblumenöl**
**1 Handvoll Sonnenblumenkerne zum Bestreuen**
**Mehl für die Arbeitsfläche**

1. Mehle mit Sonnenblumenkernen und Gewürzen mischen. Honig und Hefe mit dem Joghurt verquirlen und unter das Mehlgemisch rühren. Das Öl hinzufügen und alles 10 Minuten lang verkneten. Abgedeckt 20 Minuten an einem warmen Ort gehen lassen.

2. Den Teig nochmals kurz durchkneten, dann mit feuchten Händen eine Rolle formen, dicht mit Sonnenblumenkernen bestreuen und in die gefettete Form geben. Warm stellen und nochmals etwa 10 Minuten ruhenlassen. (Der Teig geht im Ofen während der Aufheizphase noch weiter auf.)

3. Die Form auf die zweite Schiene von unten in den kalten Backofen schieben, eine Schale mit heißem Wasser dazustellen und bei 220 °C etwa 60 Minuten backen.

4. Das Brot aus der Form nehmen, kurz mit kaltem Wasser besprühen und auf einem Rost auskühlen lassen.

*Ein delikater Brotgenuß für verwöhnte Gaumen: Mohn-Anis-Kipf.*

### *Mohn-Anis-Kipf*

Für 1 Kipf

**4 EL Mohnsamen**
**3 TL Anissamen**
**800 g Dinkelvollkornmehl**
**2 TL Vollmeersalz**
**600 g lauwarmer Sauerrahm (Fettgehalt 10 %)**
**1 EL Honig**
**50 g Biohefe**
**1 EL Sonnenblumenöl**
**1 Eigelb zum Bestreichen**
**4–5 EL Mohnsamen**

1. Mohn- und Anissamen in einer trockenen Pfanne bei mittlerer Hitze unter ständigem Rühren rösten, bis es aromatisch duftet.

2. Weitere Verarbeitung und Backen wie beim Sonnenblumenkernbrot. Vor der zweiten Ruhezeit einen Kipf formen. Vor dem Backen mit verquirltem Eigelb bestreichen und dicht mit Mohnsamen bestreuen.

# *Brote für Nußfans*

### *Kärntner Haselnußbrot*

Für 1 Kastenform (30 cm lang)

**700 g Dinkelvollkornmehl**
**200 g Buchweizen, gemahlen**
**Gewürzpulver: je 1/4 TL Muskatnuß, Zimt, Kardamom**
**3 TL Vollmeersalz**
**400 g lauwarme Milch**
**125 g geschmolzene Butter**
**1 TL Honig**
**60 g Biohefe**
**20 g Arrowroot, angerührt mit 2 EL Wasser**
**150 g ganze Haselnüsse**
**Butter für die Form**

1. Die Mehle mit den Gewürzen mischen. Milch mit Butter, Honig und Hefe verquirlen und Arrowroot unterrühren. Alle Zutaten in etwa 10 Minuten zu einem glatten Teig verarbeiten. Zum Schluß die Haselnüsse in den Teig kneten. Gut abgedeckt an einem warmen Ort etwa 20 Minuten gehen lassen.

2. Den Teig nochmals 1 Minute durchkneten und in die gefettete Form geben. Zugedeckt an einem warmen Ort etwa 20 Minuten ruhenlassen.

3. Das Brot auf der zweiten Schiene von unten in den kalten Ofen schieben. Eine Schale mit Wasser dazustellen und das Brot bei 220 °C etwa 60 Minuten backen. Anschließend aus der Form nehmen und 10 Minuten Nachhitze einwirken lassen; das Brot eventuell stürzen; falls die Unterseite noch zu blaß ist.

*Wer den feinwürzigen Geschmack von Walnüssen mag, wird bei dieser Walliser Spezialität voll auf seine Kosten kommen.*

### *Walliser Walnußbrot*

Für 1 Laib oder 1 ovale Form (30 cm lang)

**600 g Weizenvollkornmehl**
**300 g Roggenvollkornmehl**
**1 TL Muskatnuß, gemahlen**
**1/2 TL Kardamom, gemahlen**
**3 TL Vollmeersalz**
**400 ml lauwarmes Wasser**
**1 EL Honig**
**60 g Biohefe**
**2 EL Olivenöl, kaltgepreßt**
**200 g Walnüsse, gehackt**
**50 g gehackte Walnüsse zum Bestreuen**

1. Verarbeitung der Zutaten, Ruhezeiten und Backen wie beim Haselnußbrot.

2. Vor der zweiten Ruhezeit aus dem Teig mit befeuchteten Händen eine Kugel formen und auf ein mit Backfolie belegtes Blech legen. Die Oberfläche mit Wasser befeuchten und mit gehackten Walnüssen bestreuen. Die Nüsse fest andrücken.

# *Deftig mit Zwiebeln und Kartoffeln*

## *Zwiebel-Kräuter-Zopf*

Für 1 Brot

**400 g Weizenvollkornmehl**
**100 g Roggenvollkornmehl**
**1 TL Kümmel, ganz oder gemahlen**
**2 TL Kräutersalz**
**6 EL Kräuter, fein gehackt (Basilikum, Thymian, Majoran, Liebstöckel, Petersilie) oder 3 TL Kräuterpulver (Seite 13)**
**300 g Zwiebeln, gehackt**
**50 g Butter**
**30 g Biohefe**
**250 ml lauwarmes Wasser**
**Kümmel zum Bestreuen**
**Mehl für die Arbeitsfläche**

1. Das Mehl mit den Gewürzen und Kräutern mischen. Die Zwiebeln in Butter goldgelb rösten und hinzufügen. Die Hefe mit Wasser verrühren und zu den übrigen Zutaten geben. Alles zu einem glatten Teig verkneten und zugedeckt etwa 30 Minuten aufgehen lassen.

2. Nochmals kurz durchkneten. 300 g Teig für die Verzierung beiseite legen. Einen Kipf formen und auf das Blech setzen.

3. Aus dem Teigrest drei 30 Zentimeter lange Rollen formen, einen Zopf flechten und der Länge nach auf den Kipf legen. Die Oberfläche befeuchten und mit reichlich Kümmel bestreuen. Gut zugedeckt nochmals an einem warmen Ort etwa 10 Minuten gehen lassen. (Der Teig geht im Ofen während der Aufheizphase noch weiter auf.)

4. Den Kipf auf der mittleren Schiene in den kalten Backofen schieben. Eine Schale mit heißem Wasser dazustellen. Das Brot bei 220 °C 50–60 Minuten backen.

*Paßt zu jeder Brotzeit: Würziger Zwiebel-Kräuter-Zopf.*

## *Kartoffelkrüstchen*

Für 1 kleinen Laib

**1 Ei, 1 Würfel Biohefe**
**260 g Weizenvollkornmehl**
**1 TL Weinsteinbackpulver**
**2 TL Vollmeersalz**
**Gewürzpulver: 1 TL Kümmel, 1/4 TL Muskatnuß**
**240 g gekochte Kartoffeln (vom Vortag), durchgepreßt**
**160 g rohe Kartoffeln, frisch gerieben**

1. Ei und Hefe verquirlen und mit den übrigen Zutaten gründlich verkneten. Zugedeckt bis zur doppelten Höhe gehen lassen.

2. Nochmals kurz kneten, eine Kugel formen und weitere 30 Minuten aufgehen lassen. Anschließend den Laib mit einem scharfen Messer über Kreuz einschneiden und auf mittlerer Schiene in den kalten Backofen schieben. Bei 175 °C etwa 75 Minuten backen.

# Gemüsebrote für Genießer

*Schweizer Rüeblibrot*

Für 1 Form (26 cm Ø)

**400 g Karotten, fein geraspelt**
**550 g Weizenvollkornmehl**
**1 TL Honig, 1 Würfel Biohefe**
**100 ml lauwarmes Wasser**
**2 TL Vollmeersalz**
**1/2 TL Pfeffer aus der Mühle**
**3 EL Dill, geschnitten**
**4 EL Kürbiskerne, gehackt**
**Butter für die Form**

1. Karotten und Mehl mischen, das mit Honig und Hefe verrührte Wasser und die übrigen Zutaten hinzufügen und gründlich zusammenkneten. Zugedeckt gehen lassen.

2. Den Teig nochmals kurz kneten, in die gebutterte Form geben und 30 Minuten warm stellen. Backofen auf 220 °C vorheizen und eine Schale mit heißem Wasser hineinstellen. Das Brot auf mittlerer Schiene 50–60 Minuten backen.

*Sizilianische Zucchini-Ciabatta*

Für 1 Brot

*Teig:*
**420 ml lauwarmes Wasser**
**1 TL Honig**
**1 Würfel Biohefe**
**600 g Weizenvollkornmehl, Kleie ausgesiebt für die Füllung**
**2 TL Vollmeersalz**
**Gewürzpulver: je 1/2 TL Kardamom und Koriander, 2 TL Rosmarin, 1 TL Knoblauch**
**6 EL Olivenöl, kaltgepreßt**
**1 verquirltes Eigelb**
**Mehl für die Arbeitsfläche**

*Füllung:*
**1 Zwiebel, gehackt**
**50 g Butter**
**250 g Zucchini, geraffelt**
**200 g Tiefkühlspinat, ausgedrückt**
**Ausgesiebte Weizenkleie von der Teigzubereitung**
**Gewürzpulver: 1 TL Kräutersalz, 1/4 TL Pfeffer, 1/2 TL Salbei, 1 TL Thymian**

1. Wasser mit Honig und Hefe verrühren, die übrigen Zutaten hinzugeben und gründlich verkneten. Zugedeckt aufgehen lassen.

2. Die Zwiebel in Butter goldgelb braten. Mit den übrigen Zutaten gründlich vermengen.

3. Den Teig zu zwei Ovalen von etwa 20 × 30 cm ausrollen. Füllung verteilen. Rand auf einem Oval mit Eigelb bestreichen. Das zweite Oval darauf legen, die Ränder fest andrücken. Mit Eigelb bestreichen.

4. Das gefüllte Teigstück 20 Minuten gehen lassen, dann im auf 220 °C vorgeheizten Ofen 40–50 Minuten goldbraun backen. Nach 10 Minuten mehrmals mit einer Stricknadel einstechen.

*Heiß serviert schmeckt die Ciabatta am besten.*

# *Harlekinrolle*

Für 1 Springform (26 cm Ø) mit Kranzeinsatz

*Paprikateig:*
150 g lauwarmer Tomatensaft
1 TL Honig
1/2 Würfel Biohefe
30 g zimmerwarme Butter
160 g rote Paprikawürfel
375 g Weizenvollkornmehl, gesiebt
1 TL Vollmeersalz
1 EL Paprikapulver, edelsüß
2 EL Tomatenmark, 1 Ei

*Spinatteig:*
250 g tiefgefrorener Spinat
1/2 Würfel Biohefe
1 TL Honig
30 g zimmerwarme Butter
325 g Weizenvollkornmehl
1 TL Salz
1/4 TL Pfeffer
1/4 TL Muskatnußpulver
1 EL Kräuter, fein geschnitten: Petersilie, Kerbel, Dill
1 Ei

*außerdem:*
1 Eigelb zum Bestreichen
Butter für die Form
Mehl für die Arbeitsfläche

1. Tomatensaft bzw. angewärmten Spinat mit Hefe, Honig und Butter verrühren und mit den übrigen Zutaten gründlich verkneten. Beide Teige abdecken und an einem warmen Platz bis zur doppelten Höhe aufgehen lassen.

2. Beide Teige auf bemehlten Küchentüchern zu Rechtecken auswalken; den Spinatteig etwa 60 × 40 cm, den Paprikateig etwa 60 × 30 cm.

3. Die Paprika-Teigplatte mit etwas Mehl bepudern und durch Hochziehen der Längsseite des Küchentuches einrollen. Die Rolle auf die lange Seite des Spinatteigs legen und wieder entrollen.

4. Mit Hilfe des Küchentuchs eine grün-rote Rolle formen (mit der langen Seite beginnen). Die Hände unter das Tuch schieben und die Rolle mit dem Teigschluß nach unten auf den Kranzeinsatz legen. (Die Enden müssen sich nicht berühren.) Den Rand der Springform fixieren und die Teigoberfläche mit Eigelb bestreichen. Zugedeckt nochmals 30 Minuten warm stellen.

5. Den Backofen auf 220 °C vorheizen und eine Schale mit kochendem Wasser hineinstellen. Das Eigelb mit 1 Eßlöffel Wasser verquirlen und die Rolle damit bestreichen. Auf der mittleren Schiene 50–60 Minuten backen. Während der letzten 10 Minuten eventuell mit Alufolie abdecken.

*Bunt, dekorativ und köstlich: Die Harlekinrolle mit viel gesundem Gemüse.*

# *So lecker wie Kuchen ...*

## *Schwäbischer Apfelwecken*

Für 1 ovale Form
(30 cm lang)

**800 g Weizenvollkornmehl**
**3 TL Anis, 1 TL Zimt**
**1/2 TL Vollmeersalz**
**400 ml lauwarmes Wasser**
**50 g Honig, 1 Würfel Biohefe**
**150 g Dörräpfel, feine Streifen**
**150 g Mandeln, gehackt**
**100 g Sultaninen**
**50 g Mandelstifte**
**Butter für die Form**
**30 g Butter zum Bestreichen**

1. Mehl und Gewürze mischen. Honig und Hefe in Wasser verrühren, hinzufügen und zu einem glatten Teig verkneten. Zugedeckt aufgehen lassen.

2. Äpfel, Mandeln und Sultaninen einkneten. Teig mit Mandelstiften bestreuen; in die gebutterte Form füllen. Mit Butter bestreichen und zugedeckt weitere 30 Minuten warm stellen.

3. Den Backofen auf 220 °C vorheizen und eine Schale mit kochendem Wasser hineinstellen. Das Brot auf zweiter Schiene von unten etwa 60 Minuten backen; zwischendurch die Oberfläche 2–3mal mit Butter bestreichen. Das Brot auf einem Gitterrost auskühlen lassen.

## *Karibisches Bananenbrot*

Für 1 Kastenform
(30 cm lang)

**100 g Rosinen, 4 EL Rum**
**100 g geschmolzene Butter**
**2 Eier, 80 g Honig**
**1 Würfel Biohefe**
**300 g Bananen, zerdrückt**
**650 g Weizenvollkornmehl, gesiebt**
**3 TL Ingwer, frisch gerieben**
**1 TL Bourbonvanillepulver**
**1/4 TL Vollmeersalz**
**100 g Pecannüsse, gehackt**
**Butter für die Form**

1. Die Rosinen über Nacht in Rum einweichen.

2. Butter, Eier und Honig mit der Hefe verquirlen. Die Bananen unterrühren und nach und nach das mit den Gewürzen vermischte Mehl hinzufügen. 10 Minuten gut durchkneten. Abgedeckt etwa 30 Minuten gehen lassen. Zwischenzeitlich den Ofen auf 200 °C vorheizen und eine Schale mit kochendem Wasser hineinstellen.

3. Nüsse und Rosinen in den gegangenen Teig kneten und in die gefettete Form füllen. Abgedeckt nochmals 30 Minuten gehen lassen, dann auf der mittleren Schiene 50–60 Minuten backen.

*Bananenbrot, eine besonders köstliche Brotspezialität aus der Karibik.*

# Mit Kräutern und gut gewürzt

### *Allgäuer Kräuterflädle*

Für 16 Stück

**200 g gehackte Zwiebeln**
**30 g Butter**
**500 g Dinkelvollkornmehl**
**200 g Grünkern, gemahlen**
**2 TL Vollmeersalz**
**$^1/_2$ TL Bockshornklee**
**$^1/_4$ TL Knoblauchpulver**
**5 EL Kräuter, fein gehackt (Thymian, Majoran, Basilikum, Rosmarin, Petersilie, Schnittlauch) oder**
**2 TL Kräuterpulver (Seite 13)**
**1 EL Olivenöl, kaltgepreßt**
**375 ml Wasser**
**1 Würfel Biohefe**
**1 Eigelb, verdünnt mit Wasser**
**30 g gehackte Pistazienkerne**
**Mehl für die Arbeitsfläche**

1. Die Zwiebeln in Butter rösten. Mehle, Gewürze, Kräuter, Zwiebeln und Öl grob vermengen. Die in Wasser gelöste Hefe hinzufügen und alles 10 Minuten verkneten. Abgedeckt an einem warmen Platz gehen lassen.

2. Den weichen Teig nochmals 1 Minute durchkneten. Kein Mehl hinzufügen; lediglich die Arbeitsfläche immer wieder mit Mehl bestreuen.

3. Vier gleich große Rollen formen und jede in 4 Scheiben schneiden. Zu flachen Fladen ausrollen und auf zwei Bleche legen. Mit Eigelb bestreichen und mit gehackten Pistazienkernen bestreuen. Abgedeckt 5–10 Minuten gehen lassen.

4. Die Bleche nacheinander in den kalten Backofen auf die mittlere Schiene schieben. Eine Schale mit heißem Wasser auf den Backofenboden stellen und die Fladenbrote 25–30 Minuten bei 200 °C goldgelb backen. Mit kaltem Wasser besprühen und auf dem Rost auskühlen lassen.

*Vintschgauer Fladenbrote passen gut zur herzhaften Brotzeit.*

### *Vintschgauer Fladln*

Für 8 Stück

**200 g Weizenvollkornmehl**
**200 g Roggenvollkornmehl**
**200 g Grünkern, gemahlen**
**je 1 TL Kümmel und Fenchel**
**je $^1/_2$ TL Bockshornklee und Zimt**
**2 TL Vollmeersalz**
**400 ml lauwarmes Wasser**
**40 g warme Butter**
**1 EL Honig, 50 g Biohefe**
**Mehl für die Arbeitsfläche**

1. Teigzubereitung und Ruhezeit wie bei Kräuterflädle. Acht gleich große Teigstücke, auf bemehlter Arbeitsfläche zu Fladen von etwa 12 cm Ø ausrollen und auf das Blech legen. Abgedeckt gehen lassen.

2. Die Fladen mit einem Holzzahnstocher mehrmals anstechen und wie die Flädle backen. Mit kaltem Wasser besprühen und auf dem Rost auskühlen lassen.

# *Grüße vom Mittelmeer*

### *Eftasimo*

Für 4 Stück

**350 g Weizenvollkornmehl**
**150 g Kichererbsenmehl**
**Kräuter, gerebelt: je 1 TL Rosmarin, Thymian, Basilikum, Oregano**
**Gewürzpulver: 1/2 TL Zimt, 1/4 TL Pfeffer, 1/2 TL Kümmel, 1/2 TL Anis**
**1 TL Vollmeersalz**
**60 g Kürbiskerne**
**8 Kalamata-Oliven, kleine Würfel**
**1 TL Honig**
**1 Würfel Biohefe**
**350 ml lauwarmes Wasser**
**2 EL Olivenöl (kaltgepreßt)**
**2 EL Sesam zum Bestreuen**
**Öl für die Arbeitsfläche**

1. Die Mehle mit Kräutern, Gewürzen, Kürbiskernen und Olivenwürfeln grob mischen. Honig und Hefe mit dem Wasser verquirlen, zur Mehlmischung hinzufügen und alles 5–10 Minuten gründlich durchkneten.

2. Aus dem Teig eine Kugel formen, rundum mit Olivenöl benetzen und mit einem Tuch abgedeckt etwa 20 Minuten gehen lassen, bis sich das Volumen etwa verdoppelt hat.

3. Den Teig nochmals 1 Minute durcharbeiten. Anschließend in vier gleich große Teile schneiden und auf leicht geölter Arbeitsfläche zu Fladen auswalken. Mit Sesam bestreuen und die Samen fest andrücken. Die Fladen auf ein folienbelegtes Blech geben und abgedeckt nochmals etwa 10 Minuten gehen lassen.

4. Den Backofen auf 200 °C vorheizen, eine Schale mit kochendem Wasser hineinstellen und die Fladen auf der mittleren Schiene etwa 20 Minuten goldgelb backen. Mit kaltem Wasser besprühen und auf einem Rost auskühlen lassen.

### *Focaccia*

Für 8 Stück

**200 g Weizenvollkornmehl**
**200 g Dinkelvollkornmehl**
**200 g Kichererbsenmehl**
**60 g Pinienkerne**
**2 TL Vollmeersalz**
**1/4 TL Pfeffer aus der Mühle**
**Gewürzpulver: 2 TL Rosmarin, 1 TL Knoblauch**
**2 EL Olivenöl (kaltgepreßt)**
**400 ml lauwarmes Wasser**
**1 TL Honig**
**1 Würfel Biohefe**
**1 EL frische Rosmarinnadeln (ersatzweise getrocknete)**

1. Zubereitung wie bei Eftasimo beschrieben.

2. Vor dem Backen die Oberseite der Gebäckstücke einölen und Rosmarinnadeln darüberstreuen.

*Eftasimo schmecken hervorragend zu einem griechischen Salat mit Schafskäse.*

# *Ein Stückchen Orient*

### *Beduinenbrot*

Für 8 Stück

**750 g Weizenvollkornmehl**
**2 TL Vollmeersalz**
**Gewürzpulver: je 1 TL Cumin und Koriander**
**400 ml lauwarmes Wasser**
**2 EL Olivenöl**
**1 TL Honig**
**1 Würfel Biohefe**
**2 EL Kümmel**
**Mehl für die Arbeitsfläche**

1. Mehl und Gewürze mischen. Wasser mit Honig, Öl und Hefe verquirlen und mit dem Mehlgemisch 10 Minuten lang zu einem glatten Teig verkneten. Mit Mehl bestäuben und abgedeckt an einem warmen Platz etwa auf das Doppelte aufgehen lassen.

*Die knusprigen Panschabbrote reicht man zu warmen Gerichten, aber auch als Knabberei zu Käse und Wein.*

2. Den Teig nochmals durchkneten. Zwei gleich große Rollen formen und jede in 4 Scheiben schneiden. Zu flachen Fladen ausrollen und auf Bleche legen. Mit Kümmel bestreuen und 10 Minuten gehen lassen.

3. Backofen auf 200 °C vorheizen, eine Schale mit heißem Wasser hineinstellen. Die Bleche nacheinander auf mittlerer Schiene einschieben. Die Brote etwa 15 Minuten backen. Mit Wasser besprühen und auskühlen lassen.

### *Pandschabbrot*

Für 14 Stück

**450 g Weizenvollkornmehl**
**1/2 TL Salz**
**Gewürzpulver: je 1/4 TL Muskatnuß, Sternanis, Pfeffer**
**30 g zimmerwarme Butter**
**200 - 280 ml warmes Wasser**
**1 l Sonnenblumenöl**

1. Mehl mit den Gewürzen mischen, mit Butterstückchen und so viel Wasser verkneten, daß ein elastischer Teig entsteht. Mit Mehl bestäuben und abgedeckt 2 Stunden quellen lassen.

2. 14 pflaumengroße Kugeln formen, flach drücken und auf geölter Arbeitsfläche zu dünnen Fladen von etwa 15 cm Ø ausrollen.

3. Das Öl in einem indischen Karahi oder chinesischem Wok (ersatzweise eine 5 cm hohe Pfanne) erhitzen.

4. Die Fladen nacheinander in dem Öl backen. Sobald ein Fladen beginnt, sich nach oben zu bewegen, mit dem Schaumlöffel sanft nach unten drücken, bis er aufgeht. Dann wenden und von der anderen Seite hellbraun fritieren, von jeder Seite etwa 2–3 Minuten.

# Hochgenuß aus der Türkei und aus Indien

## *Adanafladen*

Für 4 Stück

**250 g Weizenvollkornmehl**
**250 g Nacktgerste, gemahlen**
**1 TL Vollmeersalz**
**1 TL Kümmelpulver**
**1/2 TL Cuminpulver**
**1 EL Knoblauchscheibchen, hellgelb gebraten in**
**5 EL Olivenöl**
**1 TL Honig**
**1 Würfel Biohefe**
**1/4 l lauwarmes Wasser**
**3 EL Milch zum Bestreichen**
**1 EL Kürbiskerne zum Bestreuen**
**Mehl für die Arbeitsfläche**

1. Die Mehle mit den Gewürzen mischen. Das Knoblauchöl grob untermengen und das mit Honig und Hefe verquirlte Wasser hinzufügen. Alle Zutaten zu einem glatten Teig verkneten und abgedeckt an einem warmen Ort etwa 20 Minuten gehen lassen.

2. Den Teig nochmals 1 Minute durcharbeiten und zu vier gleich großen Kugeln formen. Die Kugeln flachdrücken und auf bemehlter Arbeitsfläche zu etwa 2 cm hohen Fladen ausrollen. Die Fladen auf dem folienbelegten Blech gut abgedeckt weitere 15 Minuten gehen lassen.

3. Den Backofen auf 220 °C vorheizen und eine Schale mit kochendem Wasser hineinstellen. Die Fladen mit Milch befeuchten und einige Kürbiskerne fest andrücken. Auf der mittleren Schiene 15–20 Minuten goldbraun backen. Zwischendurch zweimal mit Milch bestreichen.

*In Indien bäckt man die Naanbrote im traditionellen Tonofen. Sie gelingen jedoch auch in jedem modernen Herd.*

## *Naanbrot*

Für 4 Stück

**600 g Weizenvollkornmehl**
**1 1/2 TL Vollmeersalz**
**je 1 TL Kardamom, Cumin, Ingwer, Ajwain**
**50 g Ghee (Butterschmalz)**
**1 Ei**
**150 ml lauwarmer Joghurt**
**1 TL Honig, 1 Würfel Biohefe**
**80 ml lauwarme Milch**
**2 EL Joghurt zum Bestreichen**
**je 1 EL Kümmel und Sesam**
**Mehl für die Arbeitsfläche**

1. Mehl mit den Gewürzen mischen. Ghee, Ei und Joghurt untermengen, die mit Honig und Hefe verrührte Milch hinzufügen und alles zu einem geschmeidigen Teig verarbeiten. 20 Minuten gehen lassen.

2. Weitere Verarbeitung wie bei Adanafladen. Brote vor dem Backen mit Joghurt bestreichen, mit Kümmel und Sesam bestreuen.

# *Fränkischer Osterzopf*

Für 1 Laib

**150 g Rosinen**
**3 EL Kirschwasser**
**700 g Weizenvollkornmehl**
**1 TL Vollmeersalz**
**1 TL Bourbonvanillepulver**
**Schale einer Zitrone, gerieben**
**je 70 g Zitronat und Orangeat (S. 60), kleine Würfel**
**Saft einer Zitrone**
**2 Eier**
**200 g lauwarmer Sauerrahm**
**125 g zimmerwarme Butter**
**100 g Honig**
**1 Würfel Biohefe**
**5 verschiedenfarbige Ostereier**
**30 g Butter zum Bestreichen**
**1 EL Mohn zum Bestreuen**
**Mehl für die Arbeitsfläche**

1. Die Rosinen über Nacht in Kirschwasser einweichen.

2. Mehl, Gewürze, Zitronenschale, Zitronat, Orangeat, Rosinen, Zitronensaft und Eier in der Schüssel grob vermischen.

3. Sauerrahm, Butter, Honig und Hefe verquirlen und zu dem Mehlgemisch geben. Alles 10 Minuten lang zu einem glatten Teig verkneten.

4. Den Teig gut abgedeckt an einem warmen Ort 30 Minuten gehen lassen, bis sich das Volumen etwa verdoppelt hat. Dann nochmals kurz durchkneten und den Teig in vier gleich große Stücke teilen.

5. Auf der bemehlten Arbeitsfläche drei der Teigstücke zu etwa 60 cm langen Rollen formen. Zopfanfang und -ende gut zusammendrücken. Den Zopf von der Arbeitsplatte auf das mit Backfolie belegte Blech gleiten lassen.

6. Das vierte Teigstück zu einer Rolle formen und so auf den Zopf legen, daß von dem Zopf seitlich etwa 6 cm sichtbar bleiben. Mit einem geöltem Löffelstiel fünf Mulden in den Zopf eindrücken. Die eingeölten Eier so hineinpressen, daß noch etwa ein Drittel von ihnen sichtbar bleibt.

7. Den Zopf mit geschmolzener Butter bestreichen und dünn mit Mohn bestreuen. Das Blech sofort auf der zweiten Schiene von unten in den kalten Ofen schieben und 40–50 Minuten bei 200 °C backen. Auf einem Gitterrost auskühlen lassen.

**Mein Tip:** Die Eier während der letzten Viertelstunde mit Häubchen aus Alufolie abdecken, damit sie sich nicht verfärben.

*Diese fränkische Spezialität ist genau das Richtige für den festlich gedeckten Frühstückstisch zu Ostern.*

# *Skandinavisches Sonnwendbrot*

Für 2 Brote

**250 g Weizenvollkornmehl**
**250 g Dinkelvollkornmehl**
**100 g Mandelmehl**
**1/4 TL Salz**
**1/2 TL Bourbonvanillepulver**
**Schale von 1 unbehandelten Zitrone, gerieben**
**1 Ei**
**150 g geschmolzene Butter**
**200 g Milch, 100 g Honig**
**1 Würfel Biohefe**
**1 Eigelb zum Bestreichen**
**12 Mandeln zum Verzieren**
**Mehl für die Arbeitsfläche**

1. Mehl mit den Gewürzen mischen und grob mit Butter und Ei vermengen. Die mit Honig und Hefe verquirlte Milch hinzufügen und alle Zutaten zu einem glatten Teig verkneten. Den Teig abgedeckt über Nacht im Kühlschrank gehen lassen.

2. Am nächsten Morgen den Teig nochmals etwa 1 Minute durcharbeiten. Das Teigstück in zwei gleich große Teile schneiden. Jedes Teilstück auf der bemehlten Arbeitsfläche so ausrollen, daß eine Scheibe von etwa 20 cm Durchmesser ausgestochen werden kann.

3. Aus den Rändern der beiden Scheiben mit einem angefeuchtetem Messer gleichmäßige Dreiecke ausschneiden, so daß ein Zackenrand entsteht. Beide Teigscheiben auf das mit Folie belegte Blech legen und mit Eigelb bestreichen.

4. Aus den Teigresten eine Rolle formen und in 4 gleich große Stücke teilen. Zwei der Teigstücke zu etwa 25 cm langen Strängen rollen und an beiden Enden s-förmig zu kleinen Schnecken einrollen. Die beiden Gebilde in der Mitte einer der Scheiben über Kreuz aufeinanderlegen und ebenfalls mit Eigelb bestreichen.

5. Die restlichen zwei Teigstücke halbieren und zu etwa 15 cm langen Strängen formen. Die Enden der Teigstränge jeweils zu kleinen Schnecken einrollen, die sich in der Mitte berühren. Auf das zweite Sonnwendbrot legen und mit Eigelb bestreichen. Auf beiden Broten die freien Stellen zwischen den Teigschnecken mit Mandeln verzieren.

6. Die Sonnwendbrote zudecken und an einem warmen Ort etwa bis zur doppelten Höhe aufgehen lassen. Dann auf der untersten Schiene in den kalten Backofen schieben und bei 175 °C in 30–40 Minuten goldbraun backen.

*Das Sonnwendbrot schmeckt herrlich mit Butter und selbstgemachten süßen Nußaufstrichen.*

# *Englisches Gingerbread*

Für 1 Kastenform (30 cm lang)

**150 g Sultaninen**
**4 EL Whisky**
**700 g Weizenvollkornmehl**
**1 TL Vollmeersalz**
**1 TL Bourbonvanillepulver**
**Schale von 1 unbehandelten Zitrone, gerieben**
**125 g zimmerwarme Butter**
**2 Eier**
**150 ml lauwarmes Wasser**
**100 g lauwarme Sahne**
**1 Würfel Biohefe**
**100 g Honig**
**150 g eingelegter Ingwer (ohne Sirup), kleine Würfel**
**100 g Mandeln, gestiftelt**
**Butter für die Form**
**2 EL Milch zum Bestreichen**

1. Die Sultaninen über Nacht in Whisky einweichen.

2. Das Mehl mit den Gewürzen mischen und mit Butter und Eiern grob vermengen. Wasser mit Sahne, Hefe und Honig verrühren, zu den übrigen Zutaten geben und alles 5–10 Minuten lang gut durchkneten. Den Teig an einem warmen Platz etwa 20–30 Minuten gehen lassen.

3. Ingwer, Sultaninen und Mandeln einkneten und den Teig in die gefettete Form geben. Mit Milch bestreichen und nochmals 10–15 Minuten gehen lassen. Der Teig soll sich deutlich hochwölben.

4. Die Form mit Alufolie bedeckt auf der zweituntersten Schiene in den kalten Backofen schieben. 30 Minuten bei 220 °C backen, dann die Folie entfernen und 20 Minuten bei 180 °C backen. Dann das Brot auf ein kaltes Blech stürzen und 10 Minuten Nachhitze auf die Unterseite einwirken lassen.

*Ingwerbrot schmeckt besonders lecker zu Frischkäse oder einfach mit Butter bestreichen.*

*Eingelegter Ingwer*

**250 g frische Ingwerwurzel, geschält, dünne Scheibchen**
**Saft einer großen Zitrone**
**8 cm Stangenzimt, 8 Nelken**
**200 g Kandiszucker**

1. Die Ingwerscheibchen mit 1/2 l Wasser und Zitronensaft 15 Minuten köcheln lassen.

2. 1/4 l Wasser mit Stangenzimt und Nelken erhitzen; unter Rühren den Kandiszucker darin auflösen. Den abgetropften Ingwer hinzufügen und bei geringer Hitze in geschlossenem Topf 15 Minuten köcheln lassen. Ab und zu umrühren. Falls zu viel Flüssigkeit verdunstet, noch etwas Wasser hinzufügen.

3. Zimtstangen und Nelken entfernen und den Ingwer mit dem Sirup vorsichtig in ein Glas mit Schraubdeckel füllen und sofort schließen.

# *Nürnberger Honigbrot*

Für 24 Oblaten (10 cm Ø)

**5 Eier**
**450 g Honig**
**1 EL Rum**
**650 g geschälte Mandeln, gerieben**
**100 g geschälte Mandeln, gehackt**
**15 g Biohefe oder 2 TL Weinsteinbackpulver (nach Wunsch)**
**20 g Zimt**
**je 1 TL (schwach gehäuft) Kardamom, Macis, Gewürznelke, Piment, Ingwer, Bourbonvanille**
**Schale von 1 unbehandelten Zitrone, gerieben**
**je 150 g Zitronat und Orangeat, kleine Würfel**
**100 g Mandeln zum Verzieren**

1. Eier mit Honig (wahlweise Hefe) und Rum schaumig rühren.

2. Mandelmehl mit (wahlweise Backpulver) gehackten Mandeln, Gewürzen und Zitronenschale mischen und nach und nach in den Eierschaum rühren. Zum Schluß Zitronat und Orangeat unterziehen.

3. Den Teig mit dem befeuchteten Messer gleichmäßig dick auf Oblaten streichen. Die Honigbrote auf zwei folienbelegte Backbleche legen und mit Mandeln verzieren. Die Bleche nacheinander auf der zweiten Schiene von unten in den auf 175 °C vorgeheizten Backofen schieben und 20–25 Minuten hellbraun backen. Beim Umluftherd das zweite Blech auf die zweite Schiene von oben schieben und die Elisenlebkuchen bei 150 °C backen.

*Eine »Brotvariante«, von der Leckermäuler besonders angetan sind: Nürnberger Honigbrot (Echte Elisenlebkuchen).*

### *Orangeat und Zitronat selbstgemacht*

**4 unbehandelte Orangen**
**5 unbehandelte Zitronen**
**300 g flüssiger Honig (z. B. Akazienhonig)**

1. Die Schalen der Orangen und Zitronen fein ablösen, in ein weithalsiges, hohes Schraubglas legen und den Honig darübergießen. Den Honig mit einem Löffel gut verteilen, so daß die Schalen rundum benetzt werden.

2. Nach frühestens drei Wochen ist das Orangeat, beziehungsweise Zitronat durchgezogen. Die zur Verarbeitung benötigten Schalen können herausgenommen werden; der anhaftende Honig wird abgeschabt. Die im Honig eingelegten Schalen können monatelang aufbewahrt werden.

# *Altbayerisches Adventsbrot*

Für 2 Kastenformen (30 cm lang)

*In Süddeutschland sagt man auch »Hutzelbrot« dazu, denn »Hutzeln«, getrocknete Birnen, sind eine unverzichtbare Grundzutat dieser Spezialität. Man kann das Gebäck schon lange vor der Adventszeit backen; es hält sich im Kühlschrank monatelang.*

unbehandelte Trockenfrüchte:
je 250 g getrocknete Birnen und Zwetschgen
400 g Weizenvollkornmehl
1 Tüte Weinsteinbackpulver
1/4 TL Vollmeersalz
Gewürzpulver: 1/4 TL Gewürznelke, 2 TL Anis, 1/2 TL Fenchel, 1 TL Zimt
2 EL Obstler (z. B. Zwetschgenwasser 40 %)
4 EL Honig
50 g Biohefe
250 g Feigen, feine Streifen
250 g Aprikosen, feine Streifen
250 g Sultaninen
je 30 g Orangeat und Zitronat (S. 60), kleine Würfel
1 TL Zitronenschale (unbehandelt), gerieben
250 g Haselnüsse, gehackt
Butter für die Kastenform
2 EL Honig
20 Mandeln zum Verzieren

1. Birnen und Zwetschgen über Nacht in Wasser einweichen. Am nächsten Tag die Zwetschgen herausnehmen und die Hutzeln im Einweichwasser etwa 30 Minuten weich kochen. Das Kochwasser auffangen.

2. Mehl, Backpulver und Gewürze mischen, 1/4 l Hutzelwasser mit Obstler, Honig und Hefe verrühren und untermengen. Alles etwa 10 Minuten durchkneten, gut abgedeckt warm stellen und 20 Minuten gehen lassen.

3. Birnen und Zwetschgen in Streifen schneiden und mit den übrigen Trockenfrüchten sowie Orangeat, Zitronat, Zitronenschale und Nüssen in den Teig kneten. Abgedeckt an einem warmen Ort nochmals etwa 1 Stunde gehen lassen.

4. Zwei Laibe formen und auf ein folienbelegtes Blech legen. (Formen nur bis zur halben Höhe füllen, damit das Brot gut durchbäckt.) Mit Honigwasser bestreichen und mit Mandeln verzieren.

5. Nach einer weiteren Ruhezeit von etwa 30 Minuten auf der mittleren Schiene bei 175 °C 50–60 Minuten backen; ab und zu mit Hutzelwasser bestreichen. Die Brote nach dem Backen zwei Tage kühl und luftig lagern, danach in Alufolie wickeln.

*Das Adventsbrot schmeckt bei richtiger Lagerung auch noch nach Monaten.*

# Altdeutsches Weihnachtsbrot

Für 1 ovale Brotform (30 cm lang)
und 1 runde Brotform (26 cm Ø)

**250 g Sultaninen**
**125 g Korinthen**
**80 g Rum (40 %)**
**1 kg Weizenvollkornmehl**
**Gewürzpulver: je 2 TL Bourbonvanille, Kardamom, Zimt, Ingwer, 1/2 TL Macis**
**1 TL Vollmeersalz**
**125 g Butter, zerlassen**
**125 g Butterschmalz, zerlassen**
**2 Eier, 1 Eigelb**
**Schale einer Zitrone, gerieben**
**Saft einer Zitrone**
**180 g Honig**
**120 g Biohefe**
**380 ml Mineralwasser**
**je 200 g Orangeat und Zitronat (S. 60), kleine Würfel**
**200 g Mandeln, gestiftelt**
**Butter für die Formen**
**Mandeln zum Verzieren**
**Mehl für die Arbeitsfläche**

1. Die Sultaninen und Korinthen über Nacht in Rum einlegen. Mehl und Gewürze mischen und mit Fett, Eiern und Eigelb sowie mit Zitronensaft und -schale grob vermengen.

2. Das mit Honig und Hefe verrührte Wasser dazugeben und alles 10 Minuten gründlich durchkneten. Die Schüssel mit Folie und Tuch bedecken und den Teig bei 28–30 °C etwa 20–30 Minuten gehen lassen, bis er sich nahezu verdoppelt hat.

3. Die Rumfrüchte, Orangeat, Zitronat und Mandeln einkneten und den Teig halbieren. Auf einem bemehlten Küchentuch die eine Hälfte zu einer Kugel, die andere zu einem länglichen Laib formen.

4. Mit Mandeln hübsch verzieren und anschließend mit Hilfe des Tuches (Hände unter das Tuch schieben) mit der dekorierten Seite nach unten in die gut gefetteten Brotformen stürzen und glattstreichen. Abgedeckt weitere 30–60 Minuten gehen lassen.

5. Auf die zweite Schiene von unten in den kalten Ofen schieben und bei 180 °C backen. Nach etwa 40 Minuten die Brote mit Alufolie bedecken und 30 Minuten weiterbacken.

6. Die fertigen Brote in den Formen auf dem Gitterrost etwa 10 Minuten auskühlen lassen. Anschließend auf den Rost gleiten lassen und nach vollständigem Auskühlen in Tüten aus Lebensmittelfolie packen.

*Ende November gebacken, hält sich das Weihnachtsbrot bis zum Heilige-Drei-Könige-Tag und schmeckt von Woche zu Woche besser.*

# *Aromabrot aus dem Römertopf*

Grundrezept Sauerteigbrot
Für 1 Römertopf (Größe 111)

*Vorteig:*
**300 g Roggenvollkornmehl**
**400 ml lauwarmes Wasser**
**80 g Sauerteigansatz (S. 15)**

1. Mehl mit Wasser und Ansatz zu einem weichen Brei verrühren und 12–24 Stunden lang bei 28–35 °C (Wärmequellen: S. 16) gären lassen. Der Vorteig muß deutlich aufgehen und Blasen zeigen.

2. **Wichtig**: Vor der Weiterverarbeitung etwa 80 g des vergorenen Vorteigs in das Glas mit dem Sauerteigansatz füllen.

*Hauptteig:*
**200 ml lauwarmes Wasser**
**750 g Weizenvollkornmehl**
**4 TL Vollmeersalz**
**Gewürzpulver: je 2 TL Anis, Fenchel, Kümmel, Koriander, Kardamom**
**Butter für die Form**
**1 Handvoll Sesam zum Bestreuen der Teigoberfläche**

1. Den Römertopf vor der Verwendung 60 Minuten in ein Wasserbad legen. Den Vorteig mit dem Wasser verrühren. Das mit den Gewürzen vermischte Mehl hinzufügen und das Ganze 10 Minuten lang gründlich verkneten. Die Schüssel mit Folie und Tuch abdecken und den Teig 1–1½ Stunden bei 28–35 °C gehen lassen, bis das Teigvolumen um ein Drittel zugenommen hat.

2. Den Teig nochmals 1 Minute lang kneten, in den gefetteten Römertopf geben und mit feuchten Händen fest hineinpressen. Die Oberfläche dicht mit Sesam bestreuen.

3. Mit Ausstechförmchen oder einem Messer ein Muster in die Oberfläche drücken. Den Deckel des Römertopfes auflegen und den Teig an einem warmen Ort gehen lassen, bis er sich deutlich wölbt.

4. Den Römertopf auf der untersten Schiene in den kalten Backofen schieben und den Thermostat auf 250 °C stellen. Nach 40 Minuten den Deckel abnehmen. Die Hitze auf 180 °C reduzieren und 50 Minuten weiterbacken.

5. Anschließend den Ofen ausschalten und 10 Minuten Nachhitze einwirken lassen. Wenn nötig das Brot mit Folie abdecken. Den Römertopf herausnehmen, etwa 10 Minuten abkühlen lassen, dann das Brot aus der Form nehmen.

*Für den herzhaften Brotgenuß: Aromabrot aus dem Römertopf.*

# *Badische und bayerische Brotspezialitäten*

Für je 1 Laib

*Badener Winzerlaib*

*Vorteig:*
Wie bei Aromabrot (S. 67)

*Hauptteig:*
200 g Zwiebeln, gehackt
30 g Butter
500 g Grünkernschrot
250 g Weizenvollkornmehl
3 - 4 TL Vollmeersalz
je 2 TL Kümmel- und Koriandersamen, 1/4 TL Pfeffer,
1 TL Muskatnußpulver
200 g lauwarmer Sauerrahm
einige dicke Zwiebelringe zum Verzieren

1. Die Zwiebeln in Butter goldgelb rösten. Alle Zutaten außer den gerösteten Zwiebeln und den Zwiebelringen mit dem Vorteig vermengen und 10 Minuten lang gründlich durchkneten. Den Teig gut zugedeckt etwa 1 1/2 Stunden bei 28–35 °C gehen lassen, bis das Teigvolumen um circa ein Drittel zugenommen hat.

2. Die Röstzwiebeln in den Teig arbeiten, mit feuchten Händen eine Kugel formen und 4–5 Zwiebelringe in die Oberseite drücken. Die Kugel auf das folienbelegte Blech setzen, gut abdecken und nochmals an einem warmen Ort etwa 45 Minuten gehen lassen. Den Ofen auf 250 °C vorheizen und eine Schale mit heißem Wasser hineinstellen.

3. Das Brot mit Folie abdekken und das Blech auf der zweituntersten Schiene einschieben. Nach 20 Minuten die Folie abnehmen, die Temperatur auf 190 °C stellen und etwa 60 Minuten weiterbacken. Anschließend bei ausgeschaltetem Ofen 10 Minuten lang die Nachhitze nutzen.

4. Den Laib kurz mit kaltem Wasser besprühen und auf einem Rost auskühlen lassen.

*Münchener Bierkipf*

*Vorteig:*
Wie bei Aromabrot (S. 67)

*Hauptteig:*
400 g Nacktgerste, gemahlen
350 g Weizenvollkornmehl
3 - 4 TL Vollmeersalz
Gewürzpulver: 3 TL Kümmel, 1/2 TL Pfeffer, 1/2 TL Piment
200 g zimmerwarmes Bier
200 g Lauchringe in
30 g Butter geröstet
200 g Walnüsse, gehackt
3 EL Bier zum Bestreichen
1 EL Kümmel zum Bestreuen

Gleiche Verarbeitung und Ruhezeiten wie beim Winzerlaib, jedoch einen Kipf formen, mehrmals schräg einkerben, mit Bier bestreichen und mit Kümmel bestreuen. Backen wie Winzerlaib, jedoch ohne Nachhitze.

*Zum Winzerlaib schmeckt am besten milder Käse und ein trockener Weißwein.*

# Delikate Brote mit Keimen und Saaten

### *Weizenkeimbrot*

Für 1 ovale Form
(30 cm lang)

*Vorteig:*
**300 g Weizenvollkornmehl**
**400 ml lauwarmes Wasser**
**80 g Sauerteigansatz (S. 15)**
**Verarbeitung wie Aromabrot (S. 67)**

*Hauptteig:*
**550 g Weizenvollkornmehl**
**200 g Buchweizen, gemahlen**
**3 - 4 TL Vollmeersalz**
**je 2 TL Piment und Fenchel**
**1 TL Kardamom**
**200 g lauwarme Buttermilch**
**1 EL Honig**
**200 g frische Weizenkeime**
**Butter für die Form**
**Sesam zum Bestreuen**

1. Die Zutaten mit dem Vorteig vermengen und gründlich verkneten. Den Teig bei 28–35 °C 1–1 1/2 Stunden gehen lassen, bis sein Volumen um ein Drittel zugenommen hat.

2. Den Teig in die Form geben, mit Sesam bestreuen und abgedeckt nochmals aufgehen lassen. Den Backofen auf 250 °C vorheizen und eine Schale mit heißem Wasser hineinstellen.

3. Die Form auf der untersten Schiene einschieben und mit Folie abgedeckt 20 Minuten backen. Danach die Hitze auf 190 °C reduzieren, ohne Folie 60–70 Minuten weiterbacken. Den Backofen abstellen, das Brot auf ein Blech stürzen, nochmals 10 Minuten in den Ofen schieben.

4. Das Brot mit kaltem Wasser besprühen, auf einem Rost auskühlen lassen und erst am folgenden Tag anschneiden.

*Saatenbrot, eine Wohltat für Ihre Gesundheit, die außerdem noch gut schmeckt.*

### *Saatenbrot*

Für 1 Laib

*Vorteig:*
**wie Weizenkeimbrot**

*Hauptteig:*
**550 g Dinkelvollkornmehl**
**je 80 g geschroteter Leinsamen, Sesam, Kürbis-, Sonnenblumenkerne**
**3 - 4 TL Vollmeersalz**
**Gewürzpulver: je 1 TL Anis, Fenchel, Kardamom, 1/2 TL Zimt**
**100 g lauwarme Sahne**
**100 ml lauwarmes Wasser**
**1 EL Honig**
**1 Handvoll Saat**

Verarbeitung der Zutaten wie beim Weizenkeimbrot. Nach der zweiten Ruhezeit eine Kugel formen, in gemischter Saat wälzen und auf folienbelegtem Blech gehen lassen. 20 Minuten bei 250 °C backen und etwa 60 Minuten bei 190 °C.

# *Nürnberger Gewürzbrot aus dem Keramiktopf*

Für 1 Keramiktopf (Größe wie Römertopf 111)

*Vorteig:*
**Wie bei Aromabrot (S. 67)**

*Hauptteig:*
**250 g Roggenvollkornmehl**
**300 g Weizenvollkornmehl**
**200 g Grünkern, gemahlen**
**150 g Sonnenblumenkerne**
**3-4 TL Vollmeersalz**
**je 2 TL Anis, Fenchel, Kümmel, Koriander, Kardamom**
**2 TL Brotklee (Schabzigerklee oder Bockshornklee)**
**$^1/_2$ l lauwarmes Wasser**
**Butter für die Form**
**2 Handvoll Sonnenblumenkerne zum Bestreuen**

1. Die Zutaten grob vermengen, den Vorteig hinzufügen und das Ganze 10 Minuten lang gründlich verkneten. Den Teig gut abgedeckt 1–1$^1/_2$ Stunden bei 28–35 °C gehen lassen, bis das Volumen um die Hälfte zugenommen hat.

2. Den gefetteten Keramiktopf dicht mit Sonnenblumenkernen ausstreuen. Den Teig nochmals 1 Minute lang kneten und anschließend mit feuchten Händen fest in den Topf drücken. Den Deckel auflegen und den Teig an einem warmen Platz nochmals aufgehen lassen.

3. Den Keramiktopf auf der untersten Schiene in den kalten Backofen schieben und den Thermostat auf 250 °C einstellen.

4. Nach 40 Minuten Backzeit den Deckel abnehmen und auf einem Rost abkühlen lassen. Die Temperatur auf 180 °C reduzieren und das Brot 50 Minuten weiterbacken.

5. Den Ofen ausschalten und 10 Minuten Nachhitze einwirken lassen. Wenn nötig, das Brot mit Folie abdecken. Den Keramiktopf auf den Herd stellen und etwa 10 Minuten abkühlen lassen, dann das Brot auf einen Rost stürzen.

**Mein Tip:** Im Keramik- oder Römertopf zu backen, ist für Anfänger besonders leicht. Die Brote gehen hoch auf und sind von lockerer Konsistenz. Außerdem sind die Töpfe hübsche und zweckmäßige Behälter zur Aufbewahrung von Brot.

*Die versunkenen Sonnenblumenkerne geben dem Brot nicht nur ein appetitliches Aussehen, sondern machen die Kruste auch schön kroß.*

# Gut gewürzt mit Kümmel und Koriander

### *Schwedisches Kümmelbrot*

Für 2 Kastenformen (25 cm lang)

*Vorteig:*
**Wie bei Aromabrot (S. 67)**

*Hauptteig:*
**300 g Nacktgerste, gemahlen**
**450 g Weizenvollkornmehl**
**3 - 4 TL Vollmeersalz**
**1 TL Kardamom**
**1 TL Piment, 3 TL Kümmel**
**Schale von 1 unbehandelten Orange, gerieben**
**450 ml lauwarmes Wasser**
**2 EL Distelöl, kaltgepreßt**
**1 EL Honig**
**Butter für die Form**
**4 EL Kümmel**

1. Die Zutaten mit dem Vorteig grob vermengen, dann gründlich durchkneten. Die Schüssel mit Folie und Tuch abdecken und den Teig bei 28–35 °C 1–1½ Stunden gehen lassen, bis das Volumen etwa um die Hälfte zugenommen hat.

2. Den Teig durchkneten, anschließend in zwei Stücke teilen. Aus den Teilen mit feuchten Händen längliche Stücke formen, dicht mit Kümmel bestreuen und in die gefetteten Formen füllen. Gut abgedeckt weitere 30–50 Minuten bei 28–35 °C gehen lassen.

3. Inzwischen den Ofen auf 250 °C vorheizen und eine Schale mit kochendem Wasser auf den Backofenboden stellen. Die Formen auf der untersten Schiene einschieben. 20 Minuten bei 250 °C backen, dann bei 190 °C weitere 60 Minuten backen.

4. Anschließend 10 Minuten im abgeschalteten Ofen stehen lassen. Die Brote aus den Formen nehmen und auskühlen lassen.

*Der Korianderkipf schmeckt ausgezeichnet zu pikanten Brotaufstrichen.*

### *Korianderkipf*

Für 1–2 Kipfe

*Vorteig:*
**Wie bei Aromabrot (S. 67)**

*Hauptteig:*
**200 g Grünkern, gemahlen**
**300 g Roggenvollkornmehl**
**250 g Weizenvollkornmehl**
**3 - 4 TL Vollmeersalz**
**4 EL Koriander, zerstoßen**
**1 EL Koriander, gemahlen**
**2 TL Brotkleepulver**
**Schale von 1 unbehandelten Zitrone, gerieben**
**450 ml lauwarmes Wasser**
**2 EL Sonnenblumenöl**
**1 EL Honig**
**2 EL Korianderkörner**
**Mehl für die Arbeitsfläche**

Zubereitung wie Kümmelbrot. Nach der ersten Ruhezeit ein oder zwei Kipfe formen, anfeuchten und einritzen. Dicht mit Korianderkörnern bestreuen. Die Backzeit verkürzt sich ohne Form etwa um 10 Minuten.

# *Herzhaftes aus dem hohen Norden*

### *Finnenbrot*

Für 2 Kastenformen (25 cm lang)

*Vorteig:*
**Wie bei Aromabrot (S. 67)**

*Hauptteig:*
**200 g Buchweizen, gemahlen**
**350 g Roggenvollkornmehl**
**350 g Weizenvollkornmehl**
**3 - 4 TL Vollmeersalz**
**Gewürzpulver: je 1 TL Ingwer und Zimt, je 1/4 TL Gewürznelke und Muskatnuß**
**4 TL abgeriebene Pomeranzen- oder Zitronenschale**
**200 ml lauwarmes Wasser**
**250 ml zimmerwarmes Bier**
**2 EL Walnußöl, 1 EL Honig**
**Butter für die Formen**
**1 Handvoll Haferflocken**

1. Die Zutaten mit dem Vorteig gründlich durchkneten. Den Teig mit Mehl bestäuben, abdecken und bei 28–35 °C 1–1 1/2 Stunden gehen lassen, bis er um ein Drittel zugenommen hat.

2. Den Teig durcharbeiten und halbieren. Längliche Stücke formen und in die gefetteten, mit Haferflocken ausgestreuten Formen geben. Abgedeckt 30 Minuten gehen lassen. Die Backröhre auf 220 °C vorheizen und eine Schale mit kochendem Wasser hineinstellen.

3. Die Formen auf der untersten Schiene in den Ofen schieben. 20 Minuten bei 220 °C, danach bei 190 °C weitere 60 Minuten backen. Den Ofen ausschalten und 10 Minuten mit Nachhitze backen. Dabei die Brote eventuell mit der Oberseite nach unten auf ein kaltes Blech legen.

4. Die Brote mit kaltem Wasser besprühen und auf einem Gitter auskühlen lassen.

*Finnenbrot – eine Vollkornspezialität für anspruchsvolle Brotliebhaber.*

### *Ganzkornlaib*

Für 1 ovale Form (30 cm lang)

*Vorteig:*
**Wie bei Aromabrot (S. 67)**

*Hauptteig:*
**je 30 g ganze Körner: Gerste, Grünkern, Roggen, Hafer**
**850 g Weizenvollkornmehl**
**3 - 4 TL Vollmeersalz**
**2 TL Kümmel, gemahlen**
**1 TL Bockshornkleepulver**
**500 g Buttermilch**
**30 g geschmolzene Butter**
**2 TL Honig**
**Butter für die Form**
**1 Handvoll Weizenflocken**

1. Die Körner 3 Tage lang in kaltem Wasser einweichen und täglich zweimal spülen.

2. Zubereitung wie Finnenbrot. Das Brot auf ein kaltes Blech stürzen und 10 Minuten in den ausgeschalteten Ofen stellen.

# *Ägyptisches Sonnenbrot*

Für 2 kleine Laibe, rund und oval

*Vorteig:*
**60 g Sauerteigansatz (S. 15)**
**1/4 l lauwarmes Wasser**
**200 g Weizenvollkornmehl**

*Hauptteig:*
**200 g Nacktgerste, mittelfein geschrotet**
**400 g Weizenvollkornmehl**
**2 TL Vollmeersalz**
**Gewürzpulver: 2 TL Koriander, je 1 TL Sternanis, Piment je 1/2 TL Zimt, Nelkenpulver**
**380 ml Wasser**
**1 EL Honig**
**2 EL Sonnenblumenöl**
**2 EL Milch zum Bestreichen**
**einige Anissterne zum Verzieren**

1. Für den Vorteig den Sauerteigansatz mit Wasser mischen und unter das Mehl rühren. Die Schüssel mit einer Folie abdecken, ein Tuch darüberlegen und 12–24 Stunden bei 28–35 °C (Wärmequellen: S. 16) gären lassen.

2. Gersten- und Weizenmehl, den Vorteig und die übrigen Zutaten in der Schüssel vermengen und 10 Minuten lang durchkneten.

3. Die Schüssel mit Folie und Tuch abdecken und bei 28–35 °C gehen lassen, bis das Teigvolumen etwa um ein Drittel zugenommen hat.

4. Den aufgegangenen Teig halbieren, die Teile auf trockener Arbeitsfläche nochmals kurz durchkneten. Zwei kleine Laibe formen, Anissterne fest eindrücken und die Brote auf das mit Backfolie bedeckte Blech legen. Zugedeckt weitere 30 Minuten ruhenlassen.

*Den alten Ägyptern nachempfunden: herzhaft würziges Sonnenbrot.*

5. Den Backofen auf 220 °C vorheizen und eine Schale mit kochendem Wasser hineinstellen. Die Brote mit Milch bestreichen, mit Sternanis verzieren und das Blech auf der mittleren Schiene einschieben. Etwa 30 Minuten bei 220 °C goldgelb backen.

6. Die Brote kurz mit kaltem Wasser besprühen und auf einem Rost auskühlen lassen.

**Mein Tip:** Sauerteig geht im Ofen nicht mehr wesentlich auf. Also erst dann backen, wenn er deutlich an Volumen zugenommen hat. Eine längere Ruhezeit beeinträchtigt nicht die Brotqualität.

# *Brotspezialitäten aus Mexiko und Peru*

### *Aztekenbrot*

Für 1 Backblech (28 cm Ø)

*Vorteig:*
**40 g Sauerteigansatz (S. 15)**
**300 ml lauwarmes Wasser**
**200 g Weizenvollkornmehl**

*Hauptteig:*
**100 g Amaranth**
**325 ml Wasser**
**20 g Arrowroot**
**350 g Weizenvollkornmehl**
**100 g feiner Maisgrieß**
**2 TL Vollmeersalz**
**Gewürzpulver: 1/4 TL Spanischer Pfeffer, 2 TL Vanille, 1/2 TL Piment**
**30 g Sonnenblumenöl**
**1 EL Blütenhonig**
**Butter für die Form**
**1/2 Vanilleschote, in kleine, schmale Streifen geschnitten**

1. Für den Vorteig den Sauerteigansatz mit Wasser mischen und unter das Mehl rühren. Gut zugedeckt mindestens 12 Stunden bei 28–35 °C gären lassen.

2. Amaranth in 1/8 l Wasser 15 Minuten lang weich kochen. Arrowroot in 200 ml Wasser verquirlen. Zusammen mit dem Vorteig und den übrigen Zutaten verkneten. Gut zugedeckt 1–1 1/2 Stunden gehen lassen.

3. Den Teig nochmals kurz durchkneten, in die gefettete Form füllen, mit Vanillestreifen verzieren und abgedeckt 30 Minuten ruhenlassen. Den Ofen auf 220 °C vorheizen und eine Schale mit heißem Wasser hineinstellen.

4. Das Brot auf die zweitunterste Schiene schieben; mit Alufolie abgedeckt 20 Minuten backen. Weitere 40–50 Minuten bei 200 °C backen. Auf ein kaltes Blech stürzen und 10 Minuten Nachhitze nutzen.

5. Das Brot mit kaltem Wasser besprühen und auf einem Gitter auskühlen lassen.

### *Inkabrot*

Für 1 Backblech (28 cm Ø)

*Vorteig:*
**Wie Aztekenbrot**

*Hauptteig:*
**100 g Quinoa**
**325 ml Wasser**
**20 g Arrowroot**
**350 g Dinkelvollkornmehl**
**100 g feiner Maisgrieß**
**1 TL Cayennepfeffer**
**2 TL rote Pfefferkörner**
**30 g Distelöl**
**1 EL flüssiger Blütenhonig**
**Butter für die Form**
**roter Pfeffer zum Bestreuen**

Quinoa in 1/8 l Wasser 15 Minuten lang weich kochen, Arrowroot mit 200 ml Wasser verquirlen. Weitere Zubereitung wie Aztekenbrot.

*Das Aztekenbrot ist eine besonders leckere und sehr eiweißreiche Brotspezialität.*

# *Brötchenpotpourri*

Für ein rundes Blech (36 cm Ø)

**100 g Nackthafer, gemahlen**
**300 g Weizenvollkornmehl**
**450 g Dinkelvollkornmehl**
**2 TL Vollmeersalz**
**400 ml lauwarmes Wasser**
**1 TL Honig**
**1 Würfel Biohefe**
**50 g geschmolzene Butter**
**Zum Bestreuen: Sesam, Kümmel, Fenchel, Mohn, Sonnenblumenkerne, Haferflocken**
**Mehl für die Arbeitsfläche**

1. Mehle mit dem Salz mischen. Wasser mit Honig, Hefe und Butter verquirlen und mit dem Mehl zu einem glatten Teig verkneten. Mit Folie und Tuch abgedecken und an einem warmen Ort 20–30 Minuten gehen lassen, bis sich das Teigvolumen verdoppelt hat. Währenddessen das Blech einfetten.

*Das Brötchenpotpourri ist eine leckere Alternative zum Frühstücksbrot.*

2. Den Teig in vier gleich große Stücke schneiden und auf bemehlter Arbeitsfläche zu Rollen formen. Jede Rolle in 8 Scheiben schneiden. Mit Hilfe eines nassen Löffels im feuchten Handteller Kugeln formen.

3. Die Zutaten zum Bestreuen in separate Teller füllen. Die Oberseite der Teigstücke je nach Belieben entweder in Sesam, Kümmel etc. drücken, anschließend dicht nebeneinander auf das mit Backpapier ausgelegte Blech setzen. Abgedeckt nochmals etwa 15 Minuten gehen lassen.

4. Im auf 200 °C vorgeheizten Ofen auf mittlerer Schiene 20–30 Minuten backen. Die aneinandergebackenen Brötchen kurz mit kaltem Wasser besprühen und mit dem Backpapier vorsichtig auf einen Rost ziehen. Nach dem Auskühlen das Brötchenpotpourri auf eine Platte gleiten lassen und im Ganzen servieren.

**Mein Tip:** Grundsätzlich können Sie aus jedem Brotteig, ob Hefe- oder Sauerteig, auch leckere Brötchen backen. Die Auswahl an Brötchen ist also schier unerschöpflich. Nach dem ersten Gehen statt eines Laibs je nach Teigmenge 15–20 Brötchen von etwa 70 g formen und auf das Blech setzen. Mit Milch oder Wasser bestreichen und mit Sesam, Kümmel, Fenchel, Mohn, Sonnenblumenkernen oder Haferflocken bestreuen. Dann die Brötchen zugedeckt nochmals etwa 15 Minuten gehen lassen. Die Backzeit verkürzt sich gegenüber Brot auf 20–30 Minuten.

# *Für Morgenmuffel und zur Brotzeit*

### *Kaisersemmeln*

Für 20 Semmeln

**300 g Weizenvollkornmehl**
**300 g Dinkelvollkornmehl**
**$1^{1}/_{2}$ TL Vollmeersalz**
**$2^{1}/_{2}$ TL Honig, 40 g Biohefe**
**350 ml Wasser**
**2 EL Mohn zum Bestreuen**

1. Die Mehle mit dem Salz mischen. Die Hefe mit $^{1}/_{2}$ Teelöffel Honig im lauwarmem Wasser verrühren und mit dem Mehlgemisch in 10 Minuten zu einem geschmeidigen Teig verkneten. Gut zugedeckt an einem warmen Ort etwa 20 Minuten gehen lassen.

2. Den Teig wieder 1 Minute kräftig durcharbeiten und danach in zwei gleich große Teile schneiden. Die Teigstücke zu Rollen formen und jede in 10 Scheiben schneiden, zu Kugeln rollen und auf das folienbelegte Backblech setzen.

3. Die Semmeln über Kreuz einschneiden und abgedeckt gehen lassen. Den Backofen auf 200 °C vorheizen und eine Schale mit heißem Wasser hineinstellen.

4. 2 Teelöffel Honig mit 3 Eßlöffel warmem Wasser verrühren, die Semmeln damit bestreichen und mit Mohn bestreuen. Das Blech auf der mittleren Schiene des Backofens einschieben und etwa 30 Minuten goldgelb backen.

### *Kümmelbrötchen*

Dem Kaisersemmelteig einen Eßlöffel gemahlenen Kümmel hinzufügen. Die Brötchen mit Wasser anfeuchten und mit Kümmelsamen bestreuen.

*Der Duft von frischgebackenen Kaisersemmeln, Kümmelbrötchen und Aniskipfchen bringt auch den hartnäckigsten Langschläfer an den Frühstückstisch.*

### *Aniskipfchen*

Für 20 Kipfchen

**600 g Weizenvollkornmehl**
**$1^{1}/_{2}$ TL Vollmeersalz**
**$1^{1}/_{2}$ TL Anis, gemahlen**
**1 Ei**
**100 g geschmolzene Butter**
**$^{1}/_{4}$ l lauwarme Milch**
**1 TL Honig, 1 Würfel Biohefe**
**1 Eigelb, verquirlt mit**
**2 EL Wasser zum Bestreichen**
**1 EL Anis, fein zerstoßen**
**1 EL Mandeln, fein gehackt**

1. Mehl, Gewürze, Ei und Butter grob vermengen. Die Milch mit Honig und Hefe verquirlen und mit dem Mehlgemisch zu einem glatten Teig verkneten.

2. Ruhezeiten wie bei den Kaisersemmeln. Nach der zweiten Ruhezeit Kipfchen formen. Die Brötchen mit Eigelb bestreichen und mit dem Anis-Mandel-Gemisch bestreuen. Backen wie die Semmeln.

# Knusprige Klassiker

### *Milchbrötchen*

Für 14 Brötchen

**1/4 l lauwarme Milch**
**50 g weiche Butter**
**2 1/2 EL Honig**
**1 Würfel Biohefe**
**250 g Weizenvollkornmehl**
**250 g Dinkelvollkornmehl**
**1 TL Salz, 1 Msp. Zimt**
**1 Eigelb, 1 TL Honig**
**je 1 EL Mohn, Sesam, Anis**

1. Milch mit Butter, 2 Eßlöffeln Honig und der Hefe verquirlen. Mit den übrigen Zutaten zu einem geschmeidigen Teig verarbeiten. Abgedeckt an einem warmen Ort etwa 20 Minuten gehen lassen, bis sich sein Volumen verdoppelt hat.

2. Den Teig durchkneten, in 2 Hälften teilen, aus jeder Hälfte 7 Kugeln formen und auf das folienbedeckte Blech legen. Weitere 15–20 Minuten gehen lassen. Den Ofen auf 200 °C vorheizen und eine Schale mit kochendem Wasser hineinstellen.

3. Die Brötchen mit einem scharfen Messer über Kreuz einschneiden. Zum Bestreichen das Eigelb mit 1 Teelöffel Honig und 2 Eßlöffeln Wasser verquirlen, mit unterschiedlichen Samen bestreuen und auf mittlerer Schiene etwa 20 Minuten backen.

### *Quarkbrötchen*

Für 14 Brötchen

**150 ml lauwarme Milch**
**2 1/2 EL Honig, 40 g Biohefe**
**250 g Sahnequark (20 %)**
**500 g Weizenvollkornmehl**
**1 TL Vollmeersalz**
**1/4 TL Bourbonvanillepulver**
**Schale von 1 unbehandelten Zitrone, gerieben**
**1 Ei, 1 Eigelb**

Teigzubereitung, Ruhezeiten, Bestreichen und Backen wie Milchbrötchen.

### *Rosinenbrötchen*

Für 14 Brötchen

**1/4 l lauwarme Milch**
**60 g weiche Butter**
**2 1/2 EL Honig, 40 g Biohefe**
**500 g Weizenvollkornmehl**
**1/4 TL Vollmeersalz**
**Gewürzpulver: 1/2 TL Zimt, 1/2 TL Ingwer, 1/4 TL Nelke**
**150 g kalifornische Rosinen**
**1 Ei, 1 Eigelb**

Zubereitung wie Milchbrötchen.

**Mein Tip:** Halbieren Sie beim Backen Ihrer Lieblingsbrote den Teig nach der ersten Ruhezeit. Die eine Hälfte formen Sie zu einem Brotlaib, die andere zu Brötchen und backen sie mit dem Brot 20 Minuten lang bei 220 °C.

*Knuspriges für jeden Geschmack: Milch-, Quark- und Rosinenbrötchen.*

# *Pikantes Laugengebäck*

Für 16 Stück

*Die Laugenbrezel soll ihre Entstehung vor etwa 200 Jahren dem Mißgeschick eines Bäckerlehrlings zu verdanken haben. Als ihm eine Brezel vor dem Backen versehentlich in einen Eimer mit heißer Natronlauge fiel, legte er sie trotzdem auf das Backblech – und siehe da! – sie wurde appetitlich braun und war die knusprigste und köstlichste von allen Brezeln.*

**30 g Biohefe**
**1 1/2 TL Vollmeersalz**
**200 ml lauwarmes Wasser**
**260 g Weizenvollkornmehl**
**100 g Dinkelvollkornmehl**
**einige Eßlöffel grobes Salz, Sesam, Kümmel, Mohn und Sonnenblumenkerne zum Bestreuen**
**Mehl für die Arbeitsfläche**

***Für die Lauge:***
**1 l Wasser**
**10 g Natron (Apotheke)**

1. Hefe mit Salz und Wasser verquirlen. Mehl hinzufügen und alles 10 Minuten zu einem festen Teig verkneten, bis er sich von der Schüssel löst. Den Teig zu einer Kugel formen und mit einem feuchten Tuch abgedeckt bei Zimmertemperatur 2 Stunden lang ruhenlassen.

2. Den Teig nochmals 3 Minuten durcharbeiten, zu einer Rolle formen und in 16 gleich große Stücke teilen. Die Teigstücke mit einem feuchten Tuch abdecken. Mit bemehlten Händen jedes der Teigstücke auf der Arbeitsfläche zu einem Strang und dann zu Brezeln, Kringeln oder Zöpfchen formen. Das geformte Gebäck mit einem feuchten Tuch abdecken und nochmals 10 Minuten gehen lassen.

3. Das Natron in Wasser auflösen und in einem flachen Topf zum Kochen bringen. Die Gebäckstücke einzeln mit dem Schaumlöffel etwa 30 Sekunden so in die Lauge tauchen, daß auch die Oberseite überspült wird. Auf dem Schaumlöffel abtropfen lassen und auf das mit Backfolie belegte Blech legen.

4. Das Laugengebäck mit Salz oder Samen nach Wahl bestreuen. Falls notwendig, die Oberfläche vorher nochmals mit Lauge bestreichen. Das Gebäck auf mittlerer Schiene in den kalten Backofen schieben und bei 220 °C etwa 35–40 Minuten knusprig backen.

*Leckeres Laugengebäck selbst zu backen ist einfacher, als Sie glauben. Probieren Sie's einfach mal aus.*

# Pikant und kroß zu Bier oder Wein

***Bayerische Bierstangen***

Für 16 Stück

**200 g Weizenvollkornmehl**
**50 g Grünkern, gemahlen**
**1/2 TL Vollmeersalz**
**1/2 TL Kümmelpulver**
**40 g geschmolzene Butter**
**1 TL Honig, 20 g Biohefe**
**170 ml lauwarmes Wasser**
**1 Eigelb**
**2 EL Kümmel zum Bestreuen**

1. Mehl und Gewürze grob mischen. Das mit Butter, Honig und Hefe verrührte Wasser untermengen und das Ganze in 5–10 Minuten zu einem festen Teig verkneten. Mit Folie und Tuch abdecken und an einem warmen Platz etwa 20 Minuten gehen lassen.

*In Italien gehören Grissini zu jedem Essen. Auch zwischendurch und zum Wein knabbert man gerne die knusprigen Stangen.*

2. Den Teig nochmals eine Minute durcharbeiten und zu einer Rolle formen. Die Rolle in vier gleich große Stücke schneiden und jedes davon vierteln. Die Teigstücke auf der bemehlten Arbeitsfläche mit beiden Handflächen zu 20–25 Zentimeter langen Rollen formen.

3. Das Eigelb mit 1 Eßlöffel Wasser verquirlen. Die Stangen rundum damit bestreichen und mit Kümmel bestreuen. Gut zugedeckt auf dem folienbelegten Blech weitere 10 Minuten gehen lassen.

4. Den Backofen auf 220 °C vorheizen und eine Schale mit kochendem Wasser auf den Backofenboden stellen. Das Blech auf der zweiten Schiene von oben einschieben und die Stangen etwa 20 Minuten goldgelb backen. Abkühlen lassen.

***Italienische Grissini***

Für 16 Stück

**250 g Weizenvollkornmehl**
**1/2 TL Vollmeersalz**
**1/4 TL Koriander**
**50 g Olivenöl, kaltgepreßt**
**120 g lauwarmes Wasser**
**1 TL Honig**
**20 g Biohefe**
**2 EL Milch zum Bestreichen**
**2 EL Sesam oder Mohn zum Bestreuen**

Zubereitung und Backen wie Bayerische Bierstangen.

# *Würziger Knusperspaß*

### *Kümmelrollen*

Für 8 Stangen

**250 ml lauwarmes Wasser**
**1 TL Honig, 50 g Biohefe**
**80 g geschmolzene Butter**
**1 1/2 TL Vollmeersalz**
**350 g Weizenvollkornmehl**
**150 g Roggenvollkornmehl**
**2 EL Kümmel, 2 EL Steinsalz**
**Mehl für die Arbeitsfläche**

1. Wasser mit Honig und Hefe verquirlen. Mit Butter, Vollmeersalz und Mehl zu einem festen, elastischen Teig verarbeiten. Zugedeckt etwa 60 Minuten ruhenlassen.

2. Den Teig nochmals kurz durchkneten, zu einer Rolle formen und vierteln. Jedes Teigstück in 3 Scheiben schneiden und zu einem Oval von 30 × 12 cm ausrollen.

3. Jedes Oval von der Schmalseite her eng einrollen und dabei sanft nach außen drükken, so daß die Rolle etwa 20 cm lang wird. Mit Wasser besprühen und mit Kümmel und Steinsalz bestreuen.

4. Die Rollen zugedeckt 15–20 Minuten gehen lassen. Den Backofen auf 220 °C vorheizen und eine Schale mit kochendem Wasser hineinstellen. Die Stangen auf mittlerer Schiene etwa 20 Minuten goldgelb backen.

### *Käsestangen*

Für 8 Stangen

**100 ml lauwarmes Wasser**
**1 TL Honig**
**20 g Biohefe**
**250 g Weizenvollkornmehl**
**1/2 TL Kümmelpulver**
**100 g Emmentaler, gerieben**
**40 g geschmolzene Butter**
**1 Ei, 1 TL Vollmeersalz**
**1 EL Sesamsamen und**
**1 EL Steinsalz zum Bestreuen**

Zubereitung und Backen wie Kümmelstangen.

### *Kräuterstangen*

Für 12 Stangen

**190 g lauwarme Buttermilch**
**1 TL Honig**
**30 g Biohefe**
**350 g Dinkelvollkornmehl**
**1 TL Vollmeersalz**
**2 EL Öl**
**2 EL fein gehackte Pistazienkerne zum Bestreuen**

*Füllung:*
**30 g geschmolzene Butter**
**1 Ei, verquirlt**
**5 EL gemischte Kräuter nach Wahl, fein gehackt**
**100 g Pistazien, fein gehackt**

Zubereitung und Backen wie die Kümmelrollen. Vor dem Einrollen jedoch mit der Füllung bestreichen.

*Würziger Knusperspaß, der immer gut ankommt: Kümmelrollen, Käse- und Kräuterstangen.*

# *Knäckebrot in allen Variationen*

### *Gerstenknäckebrot*

Für 20 Stück

**125 g Nacktgerste, gemahlen**
**125 g Weizenvollkornmehl**
**$^1/_2$ TL Vollmeersalz**
**Gewürzpulver: je $^1/_4$ TL Kardamom und Piment**
**130 ml lauwarmes Wasser**
**50 g geschmolzene Butter**
**Butter für das Blech**
**3 EL Sesam zum Bestreuen**

**1.** Die Mehle mit den Gewürzen mischen, Wasser und Butter hinzufügen und alles zu einem festen Teig verkneten. Eine Kugel formen, mit Öl einpinseln und abgedeckt an einem warmen Platz 60 Minuten ruhenlassen. Den Backofen auf 200 °C vorheizen.

**2.** Den Teig in 2 gleich große Stücke teilen. Jedes Teil auf dem Blech etwa 3 mm dick ausrollen und mit Sesam bestreuen; den Samen fest andrücken. Mit einem Teigrädchen oder scharfen Messer Quadrate, Rechtecke oder andere Formen einritzen. Mehrere Male mit der Gabel einstechen und etwa 15 Minuten hell backen. Auf einem Gitter auskühlen lassen.

### *Dinkelknäckebrot*

Für 20 Stück

**250 g Dinkelvollkornmehl**
**$^1/_2$ TL Vollmeersalz**
**Gewürzpulver: je $^1/_4$ TL Kümmel und Koriander**
**130 ml lauwarme Milch**
**3 EL Sonnenblumenöl**
**3 EL Mohn zum Bestreuen**

Zubereitung wie Gerstenknäcke.

*Dünn und knusprig, dazu mit Samen und Kernen belegt – diese leckeren Knäckebrote bekommen Sie nirgendwo zu kaufen.*

### *Brotkonfekt*

Für 2 Backbleche

**400 g Weizenvollkornmehl**
**1 EL Honig, aufgelöst in 200 ml lauwarmer Milch**
**2 Eier, 2 TL Vollmeersalz**
**50 g geschmolzene Butter**
**Butter für die Backbleche**
**zum Bestreuen: je 1 EL Sonnenblumenkerne, Sesam, Kümmel, Leinsamen, Mohn, gehackte Kürbiskerne**

**1.** Alle Zutaten vermengen und zu einem glatten Teig verarbeiten. Abgedeckt eine Stunde ruhenlassen.

**2.** Den Teig auf zwei gefetteten Blechen ausrollen. Die Samenmischung dicht darüber ausstreuen und fest andrücken. Mit dem Teigrädchen Rechtecke, Quadrate oder Rauten einritzen, die nach dem Backen voneinander getrennt werden.

**3.** Backen wie Knäcke.

**A**danafladen 52
Ägyptisches Sonnenbrot 79
Allgäuer Kräuterflädle 47
Altbayerisches Advents-brot 63
Altdeutsches Weihnachts-brot 64
Amerikanisches Erdnuß-Pfeffer-Brot 28
Aniskipfchen 84
Aromabrot aus dem Römer-topf 67
Aztekenbrot 80

**B**adener Winzerlaib 68
Baguette 27
Bayerische Bierstangen 91
Beduinenbrot 51
Brötchenpotpourri 83
Brotkonfekt 95
Bulgarisches Buchweizen-brot 24

**D**inkelknäckebrot 95
Dreikorn rustika 20

**E**ftasimo 48
Elisenlebkuchen 60
Englisches Gingerbread 59

**F**innenbrot 76
Focaccia 48
Fränkischer Osterzopf 55

**G**anzkornlaib 76
Gerstenknäckebrot 95

**H**arlekinrolle 43
Hirsebrot Nyanza 23
Hutzelbrot 63

**I**nkabrot 80
Italienische Grissini 91

**K**ärntner Haselnußbrot 36
Käsestangen 92
Kaisersemmeln 84
Karibisches Bananenbrot 44
Kartoffelkrüstchen 39
Korianderkipf 75
Kräuterstangen 92
Kümmelbrötchen 84
Kümmelrollen 92

**L**augengebäck 88
Leinsamenbrot 31

**M**aisbrot Tamahumara 23
Mandel-Kräuter-Brot 28
Milchbrötchen 87
Mohn-Anis-Kipf 35
Münchener Bierkipf 68

**N**aanbrot 52
Norwegisches Haferbrot 24
Nürnberger Gewürzbrot 72
Nürnberger Honigbrot 60

**P**andschabbrot 51
Persisches Pistazienbrot 32

**Q**uarkbrötchen 87

**R**osinenbrötchen 87

**S**aatenbrot 71
Sahne-Goldtoast 27
Sauerteigbrot, Grundrezept 67
Schwäbischer Apfelwecken 44
Schwedisches Kümmelbrot 75
Schweizer Rüeblibrot 40
Sechskorn-Krustenbrot 20
Sesambrot mit Pinienkernen 31
Sizilianische Zucchini-Ciabatta 40
Skandinavisches Sonnwend-brot 56
Steiermärkisches Kürbiskern-brot 32

**U**ngarisches Sonnenblumen-kernbrot 35

**V**intschgauer Fladln 47

**W**alliser Walnußbrot 36
Weizenkeimbrot 71
Würziges Landbrot mit Sonnen-blumenkernkruste 19

**Z**wiebel-Kräuter-Zopf 39